Brandt

Zeitmanagement im Takt der Persönlichkeit

Für Kjell und Annika

Eva Brandt

Zeitmanagement im Takt der Persönlichkeit

Welche Zeitpersönlichkeit sind Sie?
Und wie ticken die anderen?

Auf der Basis des STRUCTOGRAM®

BELTZ

FSC
www.fsc.org
MIX
Papier aus verantwortungsvollen Quellen
FSC® C089473

Dieses Buch ist auch erhältlich als:
ISBN 978-3-407-36616-0 Print
ISBN 978-3-407-29048-9 E-Book (PDF)

1. Auflage 2017

in der Verlagsgruppe Beltz • Weinheim Basel
Werderstraße 10, 69469 Weinheim

Lektorat: Ingeborg Sachsenmeier
Umschlaggestaltung: Antje Birkholz
Umschlagillustration: © gettyimages.com/The Image Bank
Illustrationen: Christian Ridder, Berlin

Herstellung und Satz: Michael Matl
Reihenkonzept: glas ag, Seeheim-Jugenheim
Druck und Bindung: Beltz Bad Langensalza GmbH, Bad Langensalza
Printed in Germany

Weitere Informationen zu unseren Autoren und Titeln finden Sie unter: www.beltz.de

Inhaltsverzeichnis

Grußnote

Der Wert der Zeit

Menschen sind verschieden, auch in ihrem Zeitgefühl. Was für den einen Stress bedeutet, kann für den anderen durchaus lustvoll sein. Zeit ist so individuell wie Sie als Mensch. Deshalb hat Zeitmanagement unbedingt einen Bezug zur eigenen Persönlichkeit.

Dr. Eva Brandt ist seit vielen Jahren eine sehr erfolgreiche, praxisorientierte Trainerin und verwendet das STRUCTOGRAM®-Trainingssystem als Basis für ihre Trainingsarbeit. Das Structogram ist das visualisierte Ergebnis der Biostruktur-Analyse. Diese zeigt die genetisch veranlagte Grundstruktur einer Persönlichkeit auf. Das Ziel ist die Entwicklung der Persönlichkeit in Übereinstimmung mit der eigenen, individuellen Natur oder kurz, die Entwicklung von Authentizität.

Die Biostruktur-Analyse wird international von ausgebildeten und lizenzierten Trainern in unterschiedlichsten Trainings eingesetzt, mit Schwerpunkt in der Teamentwicklung und in Verkaufs- und Führungstrainings. Das vorliegende Buch lehnt an den Grundlagen der Biostruktur-Analyse an und wird ergänzt durch Ansätze aus der Psychologie.

Unser Zeitmanagement wird selbstverständlich auch durch Dritte und durch die Einflüsse unseres Lebensstils geprägt. Dieses Buch hilft Ihnen, Ihren individuellen Wert der Zeit und damit Ihr Zeitgefühl zu verstehen und den persönlichen Zeithaushalt zu optimieren.

Gönnen Sie sich die Zeit, die Investition lohnt sich!

Peter Stutz
CEO/Mitinhaber STRUCTOGRAM® International
IBSA Institut für Biostruktur-Analysen AG, CH-Luzern

Anmerkung: Das Modell Structogram wird in diesem Buch verwendet mit freundlicher Genehmigung des IBSA Instituts für Biostruktur-Analysen AG, CH-Luzern, vertreten durch Peter Stutz, CEO/Mitinhaber.

Vorwort

Zeit kann man nicht kaufen

Im Rahmen meiner Arbeit als Vermögensforscher habe ich in den letzten Jahrzehnten auf der einen Seite immer wieder herausragende, berühmte, eigenartige, wundersame und mächtige Persönlichkeiten getroffen. Die meisten waren extrem reich und insofern scheinbar eigenständig in ihrer Zeitverwaltung. Auf der anderen Seite habe ich als Zukunftspsychologe viel mit Unternehmern, Vorständen und Managern zu tun, deren eigene Zeit und die ihrer Mitarbeiter immer knapper zu werden scheint.

Das dritte Glied in der Kette meiner Beobachtung bin ich selbst. Als Direktor zweier universitärer Institute, Forscher, Autor und anderes mehr haben Beschäftigung und Interessen die Kammern meiner Möglichkeiten schon weit über das Dach hinaus gefüllt. In diesem Sinne sind zwölf Stunden Arbeit Normalität. Zudem bekommt natürlich meine Familie so viel Zuwendung, wie es eben geht und hoffentlich auch darüber hinaus.

Dazu gesellen sich zwingend Ernährung, Sport, Wissensvermehrung, mediale Kenntnisnahme, unentwegte Termine und viele private und freundschaftliche Elemente, ohne die das Leben einsam und armselig wäre. Ach, den Schlaf hatte ich noch vergessen. Kurz gesagt: 60 Stunden Zeit für all dies pro Tag wären ideal, 48 notwendig und mindestens 24 Stunden völlig unverzichtbar. Die Wirklichkeit sieht anders aus, insofern ist es leicht zu erkennen, dass Zeit wahrlich ein Vermögen ist, deren gravierender und existenzieller Wert immer mehr unter die Räder kommt.

Die Dimensionen der Zeit unterliegen keiner Geheimniskrämerei. Sie werden auf vielen Ebenen wissenschaftlich, ökonomisch, literarisch, Rat gebend oder feuilletonistisch diskutiert und beschrieben. Aber die wahnwitzige Brisanz der Vermessung der Lebenszeit kommt mir zu kurz. Zeitknappheit ist nicht nur eine persönliche Lähmungserscheinung und ein privater Respektentzug, sondern ein Desaster intelligenter Führungskultur, ein destruktiver Sauerstoffentzug für Mitarbeiter und der Tod des Denkens zugunsten reiner Interessenwahrnehmung.

Um den daraus entstehenden Schaden zu erahnen, möchte ich vier Beispiele schildern, die ich aus eigener Anschauung beurteilen kann. In den letzten 100 Jahren ist unsere Lebenserwartung um mehr als 30 Jahre gestiegen. Was für ein fantastischer Zeitgewinn. Allerdings ist weder die Altersversorgung gelöst, noch sind die Lebensbiografien synchronisiert, geschweige denn neue Altersroutinen oder Generationenverträge entwickelt worden. Mit anderen Worten: Seit Jahrzehnten schaut eine Gesellschaft ihrer eigenen Vergreisung zu, ohne dieses grandiose Zeitgeschenk intelligent und zukunftsorientiert zu gestalten. Respektloser kann man wohl mit Zeit nicht umgehen und sozusagen vorsätzlich Zeitknappheit erzeugen. Und dennoch liegt hier der Humus für eine neue und zeitgemäße Lebensarchitektur.

Ein zweiter schwerwiegender Zeitraub im Kreis der Entscheidungsträgerinnen und -träger, der politischen und wirtschaftlichen Protagonisten und Führungskräfte liegt in einer pulverisierten Erkenntnisgewinnung. Jene Klientel, die unentwegt Entscheidungen treffen muss, kann die Grundlagen zur Abwägung unmöglich selbst generieren. Dazu fehlt absolut die Zeit. Daher sind Assistenten, Mitarbeiter, Berater und so weiter als Informationsverdichter unverzichtbar. Diesen Prozess der Wissenskanalisierung habe ich Tausende Male erlebt. Im Endeffekt müssen komplexe Vorgänge auf ein paar Zeilen, eine halbe Seite oder zehn Charts reduziert werden. Verständnis und Verstehen als eine systemische Beziehung von Rationalität und Emotionalität sind so leider nicht zu gewährleisten. In diesem Sinne führt Zeitknappheit zwar zu begründbaren Entscheidungen, aber keineswegs zu einer bedachten Folgenabschätzung.

Im Verhältnis zu Mitarbeiterinnen und Mitarbeitern, Bürgerinnen und Bürgern verkehrt sich die genannte Wissensdelegation ins Gegenteil. Hier fehlt eine zielgerichtete Aufklärung und vernünftige Verständnisvermittlung total. Die monsunartige, mediale, exponentielle und digitale Informationsbeschleunigung führt am Ende zu einer Überversorgung und Übererregung. In diesem Orientierungswirrwarr, in dem es millionenfach mehr Optionen gibt als Umsetzungsmöglichkeiten, wird nicht nur die Zeit immer knapper, sondern auch das seelische Gleichgewicht gestört. Die schöne neue Welt erzeugt Ängste und das geradezu suchtartige Verlangen nach einfachen Lösungen.

Mit dem letzten Beispiel kehre ich wieder zum Anfang zurück und komme zur Frage, ob Hochvermögende auch mehr Zeitsouveränität besitzen? Reichtum erzeugt Verfügungsgewalt und das ist ohne Zweifel eine Lebenserleichterung, wenn man gewissenhaft damit umgehen kann. Damit hat man nicht mehr Zeit, kann sie aber unabhängiger gestalten. Ob dies gelingt, ist von charakterlichen und individuellen Faktoren abhängig. Mir sind immer wieder und weltweit Reiche begegnet, die unter der Last ihrer Möglichkeiten zusammengebrochen sind. Klingt für uns absurd, ist aber eine verbreitete Tatsache: Wer seine Zeit nicht aus eigener Kraft und Sinngebung gestalten kann, leidet unter jenem Privileg, dass die Zeitgestressten so gern hätten.

Diese kleinen Gedanken sollten meiner Überzeugung Ausdruck verleihen, dass in Zukunft die Zeitverwendung über das Schicksal unserer Spezies mitentscheiden wird. Die Zeit unterliegt zwar der Relativität, aber sie ist eines der wesentlichsten Vermögen der Menschheitsgeschichte. Die größte Schwierigkeit liegt wohl darin begründet, dass jeder Mensch seine eigene Taktung finden muss, um die anderen Zeiten nutzen zu können. Zeit bedarf der Gestaltung. Diejenigen, die aus Not, Arbeitslosigkeit oder Schicksal über Zeit verfügen könnten, wünschen sich nichts mehr, als diese füllen zu dürfen.

Die vorangestellten Beispiele dokumentieren die Auswirkungen der Zeitverwendung für unsere und andere Gesellschaften. Die Zeitthematik ist existenziell. In diesem Sinne hat Dr. Eva Brandt einen wichtigen Beitrag geleistet, um sich selbst sinnvoll und veränderungsbereit mit der eigenen Zeitgestaltung zu beschäftigen. Dies ist kein Vorschlag für eine Kürübung, sondern in Zeiten umfassender Veränderungen eine vollkommen unverzichtbare Identitätsprüfung. Nach einigen Seiten des Lesens wurde mir deutlich, hier handelt es sich um Pflichtlektüre, die mit großer Kompetenz und Bescheidenheit, souveräne Zeitarchitektur auf den Punkt bringt.

Es sollte deutlich geworden sein, dass man Zeit keineswegs kaufen kann. Aber mit diesem Buch sollte man arbeiten, Gewinn und Mehrwert korrelieren mit dem eigenen Engagement.

Univ.-Prof. Dr. Thomas Druyen
Vermögensforscher und Zukunftspsychologe,
Düsseldorf und Wien

Einleitung

Ein Gefühl von Glück

Zeit lässt sich nicht managen! Kein Programm, keine Methode kann das leisten. Zeit lässt sich nicht anpassen oder verändern und schon gar nicht in Standards pressen. Es wäre etwa so, als würden Sie versuchen, fließendes Wasser in kleine Stücke zu schneiden. Dagegen sprechen die physikalischen Gesetze und auch die Vernunft. Denn Sie erfahren es täglich: Zeit ist ein flüchtiger Stoff. Er zerrinnt Ihnen zwischen den Fingern just in dem Moment, in dem Sie nach ihm greifen. Eine Sekunde mag Ihnen wie eine Ewigkeit vorkommen oder wie ein Wimpernschlag. Sie mag randvoll mit Freude oder emotionslos sein. Zeit hat viele Facetten und vielleicht bleibt ihre Entschlüsselung eines der großen Geheimnisse des Universums.

Zwar gaben die Babylonier ihr eine Maßeinheit, um zu berechnen wie die Erde rotiert, wie die Jahreszeiten kommen und gehen und ein Tag aus 24 Stunden besteht. Seither teilen Menschen von Alaska bis Feuerland, von Tokio über Berlin bis New York nach diesem Schema das Leben ein. Zeit ist universell und kostbar, überall auf der Welt. Jeder strebt danach, sie mit Glück zu füllen. Sobald ein Kind mit dem ersten Schrei seine Lungenflügel entfaltet, läuft die Lebensuhr. Damit ist alles, das Denken, Handeln und Fühlen, auf Anfang und Ende gestellt. Die Zeit schenkt und nimmt. Sie schmälert scheibchenweise das Sein.

Jedem Menschen wird mit der Geburt ein Sack voller Zeit geschenkt. Ein großartiges Gepäck! Wie schwer oder wie leicht es wiegt, das hängt ab von der Art und Weise, wie Sie es tragen. Verantwortlich dafür sind Ihre Gene, Ihre neuronale Mixtur und damit die Struktur im Gehirn. Je mehr Sie sich danach richten, desto mehr Zufriedenheit werden Sie erfahren. Dafür will ich Sie sensi-

Anmerkung: Ich schätze die Leistung von Männern und Frauen gleichermaßen, verzichte jedoch aus Gründen der Lesbarkeit auf Doppelungen. Rückschlüsse auf reale Personen oder Unternehmen sind rein zufällig und nicht beabsichtigt.

Download: Die Zeitstrukturanalyse von Seite 69 ff. finden Sie auch als Download unter www.beltz.de direkt beim Buch.

Die Icons bedeuten:

Anmerkungen	Infos
Beispiele	Methoden/Übungen
Downloads	Tipps

Kapitel 1
Die New Yorker Minute

»Zeitmanagement ist Unsinn. Sie können die Zeit nicht managen – nur Ihr Verhalten.«

Professor Dr. phil. Dr. med. Michael Kastner, Universität Witten-Herdecke

Vom Phänomen der Zeit

Bevor wir Ihren persönlichen Takt im Leben betrachten, widme ich den Messinstrumenten der Zeit einige Zeilen. Im Schnelldurchlauf möchte ich die großartigen physikalischen Errungenschaften würdigen, ohne die wir uns vielleicht noch heute nach den Gestirnen richteten. Fahr- und Flugpläne wären willkürlich und keine Frist würde erfüllt. Das Begreifen der Zeit kann gar nicht hoch genug geschätzt werden. Und doch gibt es in der Dimension dieses faszinierenden Themas einen kleinen, aber bedeutenden Punkt der Irritation. Es ist ein Punkt, um den sich Philosophen, Gehirnforscher und Psychologen drehen. Er wirft eine Frage auf. Sie lautet:

Deckt sich die äußere messbare Zeit mit der inneren gefühlten Zeit eines Menschen?

Ein Physiker wird diese Frage mit einem Nicken beantworten und die Relativitätstheorie bemühen. Ein Philosoph dagegen wird das Sein eines Menschen auf der Zeitachse der Ewigkeit betrachten. Ein Gehirnforscher wird seinen Kopf wiegen und auf die Aktivität der Insula hinweisen, die für das Ordnen der Geschehnisse zuständig ist. Ein Psychologe sieht vermutlich die Stimmungen eines Menschen als Parameter für Zeit an. Diese Diversität macht die Sache spannend. Auch wenn ich glaube, dass diese Frage sich niemals gänzlich klären lässt, so traue ich mir nach meiner mehr als 20-jährigen Forschung über das Zeitmanagement eine Antwort zu: Nein! Dem inneren Takt eines Menschen entspricht keine Formel. Denn Zeit ist nicht nur ein physikalisches oder ein mathematisches Phänomen, sondern sie besitzt ebenso eine kulturelle und charakterliche Größe. Das zwinkerte uns Albert Einstein zu, als er sagte: »Wenn man zwei Stunden lang mit einem Mädchen zusammensitzt, meint man, es wäre eine Minute. Sitzt man jedoch eine Minute auf einem heißen Ofen, meint man, es wären zwei Stunden. Das ist Relativität.«

Kurzum: Das Zeit-Ich kann mitunter anders ticken als uns die unwiderlegbaren Formeln suggerieren.

Treffen sich zwei am Rosenbusch

Lange vor der Erfindung der Uhr suchten Menschen nach Möglichkeiten, um die Tage und Jahre einzuteilen. Warfen sie zunächst ihre Aufmerksamkeit lediglich auf den Sternenhimmel und das Blühen und Welken der Natur, so strebten sie vor rund 2500 Jahren nach kleineren Einheiten zum Messen der Zeit. Das rief die Tüftler auf den Plan. Nach dem Structogram werden es Männer gewesen sein, die über eine analytische Dominanz verfügten. Ihre Stärke war das Suchen nach Details, das geduldige Reflektieren und Auswerten und damit das Zukunftsdenken. Von China bis Ägypten, von Lateinamerika bis ins Römische Reich dachten Forscher unabhängig voneinander nach – und erfanden die Sonnenuhr. »Nichts ist mächtiger als eine Idee, deren Zeit gekommen ist«, sollte Victor Hugo viel, viel später sagen und damit kreierte er einen unsterblichen Satz.

Aber zurück zur Sonnenuhr: Sie erfasste das Wechselspiel aus Licht und Schatten. Sie gab den Tagen einen sichtbar schnelleren Takt. Plötzlich wurden Verabredungen konkret. Händler, Richter, Prediger, gar Verliebte konnten Worte mit der Zeit verbinden: »Wenn der Schatten fünf Fuß misst, dann treffen wir uns am Rosenbusch.« Unpünktlichkeit wurde zum Makel und manchmal zu einer traurigen Wahrheit: Kam die Begehrte nicht, hatte die Liebe wohl keine Chance.

Nicht jeder freute sich über diesen Fortschritt, es gab durchaus auch kritische Stimmen: So beschwerte sich der Dichter Plautus um 200 v. Chr. im alten Rom, dass diese Sonnenuhren seine Tage zerfetzten. Die Konstrukteure schienen übrigens mit einer Portion Humor an die Arbeit zu gehen: Neben Verzierungen und dem Verwenden edler Materialen gravierten sie auch so manchen Spruch ein: »Die Stunden zähle ich nicht, wenn sie nicht heiter sind.« Wie wahr, denn eine Sonnenuhr funktioniert nur bei gutem Wetter und nur bei Tageslicht. So blieben die Menschen auf ihr persönliches Zeitgefühl angewiesen – das aber klappte nur bedingt.

Heute wissen wir: Es gibt kein Organ und auch keine Sinneswahrnehmung mit der Aufgabe, die Zeit zu flüstern. Ohne Uhr geraten wir schnell aus dem Takt. Es kann sogar eine Orientierungslosigkeit in uns entstehen. Innerlich herrscht keine Messbarkeit von Zeit, sondern lediglich das persönliche Zeitgefühl. Gefühle aber sind abhängig von der Einzigartigkeit des Gehirns, von individuellen Erlebnissen und Erfahrungen und auch von der Umgebung, in der Menschen leben. Gefühle sind individuell. »Nach einer inneren Uhr, die unser Zeitgefühl im Sekunden- bis Minutenbereich steuert, suchten Hirnforscher bislang vergeblich. Neue Erkenntnisse deuten nun darauf hin, dass hier unser Körpergefühl eine zentrale Rolle spielt: Selbstwahrnehmung und Zeiterleben sind augenscheinlich untrennbar miteinander verbunden«, schreibt der Psychologe und Zeitforscher Marc Wittmann (2014) und bestätigt diese These. Aber verharren wir noch einen Moment in der uralten Sehnsucht der Menschen, der Zeit zumindest eine äußere Verlässlichkeit zu geben.

Feinschliff der Instrumente

Obwohl die Sonnenuhr bis weit ins Mittelalter genutzt werden sollte, wurde der Ruf nach Genauigkeit bald lauter. Kein Schatten, keine Uhr, das war nicht mehr akzeptabel und so erfanden kluge Köpfe jener Zeit die vom Wetter unabhängige Wasseruhr. Diese tröpfelte Wasser von einem Gefäß ins andere. Je mehr der Wasserspiegel des oberen Gefäßes sank, desto mehr Zeit schwand dahin. Besonders die Richter in der Antike fanden diese Art der Zeitmessung attraktiv: Wollten sie einem Zeugen mehr Redezeit gönnen, so forderten sie mehr Wasser im Gefäß. Künstler übrigens verzierten diese Gefäße mit Ornamenten oder Bronzekugeln, ein Zeichen für die zunehmende Attraktivität der Zeit. Mehr und mehr entstand eine Vorstellung von Vergangenheit, Gegenwart und Zukunft.

Das beflügelte den damaligen Forschersinn weiter. Bald gab es Öllampen-, Kerzen-, Sanduhren und diverse andere Instrumente im Repertoire. Den ersten mechanischen Uhren, meist den Kirchen vorbehalten, folgten um 1500 die Federuhr und damit das Taschenformat für jedermann. So brachte die Renaissance nicht nur ein helleres Lebensgefühl mit sich, sondern ebenso ein feineres Gespür für das gesellschaftliche Leben. Der Tag begann selbst auf dem Land nicht mehr mit dem Krähen des Hahns, endete nicht mehr mit dem Hall der Kirchenglocken zur Nacht. Verabredungen erfolgten nicht mehr mit den Worten »Sehen wir uns, wenn ich die Kühe von der Weide treibe.« Korrektheit war angesagt: »Treffen wir uns um 17:00 Uhr.«

Diese Entwicklungen führten zu einem kulturellen Wandel. Und ich bin versucht zu sagen: Nicht die Erfindung der Dampfmaschine katapultierte die Menschen auf der Zeitachse des Lebens nach vorn. Es war vielmehr die wachsende Genauigkeit zum Messen der Zeit. Es war das Schaffen von Sensibilitäten für diese Ressource und damit das Verstehen der Zyklen des Lebens. Heute können wir diese dank der Atomuhr mit unvorstellbarer Genauigkeit messen: Im Laufe eines Jahres muss man also bei diesen Uhren mit einer Abweichung von höchstens 25-milliardstel Sekunden zu einer idealen Uhr rechnen. »Zum Vergleich: Eine Quarzarmbanduhr irrt sich pro Monate um ein paar Sekunden, mechanische Armbanduhren – und seien sie noch so edel! – vertun sich um ein Vielfaches mehr«, so informiert die Physikalisch-Technische Bundesanstalt Braunschweig und Berlin (http://www.ptb.de/massstaebe/heft_6/massstaebe_06_11.pdf).

Keine Frage, wir leben in einer nahezu sicheren Zeitenwelt. Aber fühlen wir uns dabei wohl? Mit meinem Programm der Zeitplanung möchte ich die innere Uhr mit der äußeren harmonisieren und dabei die Kultur in den verschiedenen Ländern, die Umstände des Lebens beachten und vor allem die Persönlichkeit in den Mittelpunkt stellen. Denn ich glaube: Nur wer seinen eigenen Takt kennt, der wird auf Dauer glücklich sein. Entscheidend für Ihren Erfolg, wie immer Sie diesen definieren mögen, wird Ihr Wissen um Ihr Zeitgefühl sein. So wird die Mehrheit der Brasilianer sich in der Regel nicht an die Exaktheit einer zeitlichen Vorgabe richten. Sie werden sich wahrscheinlich nicht pünktlich am verabredeten Ort einfinden und das Gespräch nicht nach Diktat beenden. Für sie fließt die Zeit und sie mit ihr und damit fühlen sie sich gut. Zwar werden die meisten Deutschen dafür kaum Verständnis haben, denn sie leitet nicht das Lustprinzip, sondern die Prinzipientreue und zu der zählt auch die Pünktlichkeit. Beide aber – Brasilianer und Deutsche – eint das Bedürfnis, authentisch sein zu dürfen.

Die Farben der Zeit

Als Paul MacLean und Rolf W. Schirm ihre Methode des Structograms auf eine wissenschaftliche Ebene hoben, da ließen sie sich ein auf die Einzigartigkeit des jeweiligen Menschen. Sie blickten als Mediziner und Anthropologe auf die Vorlieben, Temperamente und Tempi der Menschen. Sie bestimmten jene drei Regionen im Gehirn: das Stammhirn, das Zwischenhirn und das Großhirn. Es entstand die Einsicht vom drei-einigen Gehirn und im Weiteren die Unterteilung in Typen: den Geselligen mit der Farbe Grün, den Macher mit der Farbe Rot und den Analytiker mit der Farbe Blau.

Bereits 1973 schrieb Paul MacLean: »Es ist meine feste Überzeugung, basierend auf dem Studium des Gehirns, dass eine weite Verbreitung des Wissens über grundlegende Hirnfunktionen und ihren Einfluss auf das Verhalten viel dazu beitragen könnte, dass Menschen mit sich und der Gesellschaft in größerer Harmonie leben« (Schoemen 2015, S. 62). Daraus resultiert bis heute: Gesellige verfügen über eine ausgeprägte Aktivität im Stammhirn und sind in ihrem Zeitverhalten vergangenheitsorientiert. Macher weisen stark ausgebildete Muster im Zwischenhirn auf und sind nach ihrem Zeitempfinden gegenwartsorientiert. Bei Analytikern kann eine hohe Aktivität im Großhirn nachgewiesen werden, damit denken sie zukunftsorientiert.

Lizenzierte Structogram-Trainer haben übrigens recherchiert, welche Regionen Deutschlands dem jeweiligen Zeitempfinden entgegenkommen: Der Analytiker bevorzugt Norddeutschland als Lebensraum, in dem Ebbe und Flut spürbar werden. Der Gesellige schätzt eher die Weinregionen mit den dortigen Traditionen und Festen. Die Macher lieben eher südliche, bergige Gegenden. Hier schätzt er das abwechslungsreiche Freizeitangebot.

Zu welchen Stärken Sie hinsichtlich Ihrer Zeitplanung neigen, werde ich im nächsten Kapitel erörtern. Lassen Sie uns zunächst den Kulturaspekt der Zeit beleuchten.

Gangart im Leben

Ob ein Mensch in einer Stadt oder jenseits der Urbanität aufwächst, wird also erheblichen Einfluss auf sein Denken und Handeln haben. Der Psychologe Marc Bornstein stellte in seinen internationalen Forschungen fest, dass es einen direkten Zusammenhang zwischen der Einwohnerzahl und der Gehgeschwindigkeit von Personen gebe – steige die Zahl, dann steige auch das Tempo (Levine 2015, S. 47).

Nun wird das Durchschnittsalter in den Städten jünger sein als auf dem Land und somit die Gangart noch federnder und zügiger. Aber das ist vermutlich nur die halbe Wahrheit. Die andere lautet: Menschen, die in eine Großstadt hineingeboren und in einem hektischen Umfeld sozialisiert sind, werden es eher gewohnt sein, mit einer Überreizung zu jonglieren. Sie empfinden den schnellen Lauf der Zeit weniger bedrohlich. Im Gegenteil: Sie neigen dazu, selbst ihre freie Zeit mit Terminen zu füllen. Möglichst effizient bewegen sie sich durch den Tag, denn Zeit ist Geld, lautet ihre Auffassung, und davon gilt es, möglichst viel zu sammeln.

Nirgendwo auf der Welt sprechen Menschen so schnell wie in den USA, besonders an der Ostküste ist diese Manier messbar. Die Metapher der New Yorker Minute ist ein Ausdruck für einen kurzen Moment in einer pulsierenden Stadt. Ein Banker in der Wall Street hetzt selbst in der 20-minütigen Mittagspause von einem Gespräch zum anderen. Das Smartphone zwischen Schulter und Ohr geklemmt, den Pappbecher mit Kaffee in der einen und die Unterlagen in der anderen Hand, so bewegt er sich durch Gedränge und Lärm. Sein Gesicht ist dennoch entspannt, auf den ersten Blick scheint es, als empfinde er Freude. Diesen Ausdruck der Freude kann ein Händler in Panama-Stadt ebenso im Gesicht haben. Auch er strahlt Gelassenheit aus und beeindruckt durch die ruhigen Bewegungen. Aber bei ihm gilt: Eines nach dem anderen. Immer mit der Ruhe. Bedächtigkeit ist dort das oberste Gebot.

Robert Levine hat in seinem Buch »Eine Landkarte der Zeit« die Geschwindigkeit in Städten gemessen und kommt zum Ergebnis, dass New York im Vergleich zu anderen amerikanischen Städten auf Platz drei seiner Zeitkarte landet, aber nach seinem subjektiven Eindruck definitiv an erster Stelle stehe (Levine 2015, S. 200). Ein mutiges Projekt, wie ich finde. Er selbst startete es durchaus mit einer gesunden Portion Skepsis und war über die Ergebnisse zuweilen ziemlich erstaunt. Nach der Lektüre dieses Buches wird klar: Es gibt einen Rahmen im Leben, der durch allgemeine Zeitenformeln, durch Kultur, Religion, Politik und Wirtschaft geprägt ist. Dazwischen jedoch existiert ein weiter Raum für die persönliche Performance und die kann von entscheidender Bedeutung für ein gelingendes Leben sein: »Wenn sich ein Mensch in fremden Kulturen umsieht, entsteht in ihm unwillkürlich der Drang zu vergleichen – eine Kultur mit der anderen und das eigene Leben mit dem jeweiligen fremden. In meinem Fall drehen sich die Vergleiche wie von selbst immer wieder um die Zeit« (Levine 2015, S. 177). Nach seiner Ansicht agieren Individualisten in den USA nach einem dichteren Terminkalender im Vergleich zu einem vorherrschenden Kollektivismus zum Beispiel in Asien.

Kultur und Religion spielen ebenso eine Rolle und die Sozialisation ist von großer Bedeutung. »Eine Kultur, die sich auf die Menschen konzentriert, hat [...] oft Probleme mit einem Tempo, das von Zeitplänen und der Uhrzeit bestimmt wird. In einigen kollektivistischen Kulturen wird Zeitdruck nicht nur heruntergespielt, sondern offen verabscheut« (Levine 2015, S. 49). Genau hier liegt das Spannungsfeld der Zeit der Moderne. Nur noch wenige Naturvölker können sich dem entziehen. Die in Arizona beheimateten Hopi-Indianer kennen zum Beispiel kein Wort für Zukunft und keines für Vergangenheit. Für sie ist alles Gegenwart, eingebettet in den Wandel der Natur. Die australischen Aborigines verschmelzen die Vergangenheit mit der Zukunft und daraus entsteht eine »Traumzeit«. Könnten Sie sich vorstellen, auf die Gegenwart zu verzichten? Mit großer Wahrscheinlichkeit schütteln Sie den Kopf und doch sind wir häufig versucht, genau diese Phase der Zeit gedanklich zu überspringen.

Drei Sekunden Gegenwart

Die Gegenwart dauert höchstens drei Sekunden. Überall. Von Grönland bis zum Amazonas ist diese Tatsache gültig, denn mehr kann das menschliche Gehirn nicht als Hier und Jetzt begreifen. Ein komplexes System aus Gefühlen, Hormonen, Erinnerungen und Erwartungen steuert diese Wahrnehmung, gibt den Gefahrenmomenten eine Zeitlupe und den Routinen eine Unbedeutsamkeit.

Stellen Sie sich einen Bahnradfahrer im Sechstagerennen vor. Als Zuschauer wundern Sie sich, wie diese Sportler in der Gemengelage fähig sind, den Konkurrenten auszuweichen, sie zu überholen oder das Tempo zu drosseln. Als Sportler dieser Szenerie haben Sie ein völlig anderes Gefühl. Die Zeit verlangsamt sich. Entscheidungen werden möglich. Dieses Phänomen kann lebensrettend sein.

Von Nahtodberichten wissen wir, dass bei Stürzen aus großer Höhe, bei Unfällen und lebensbedrohlichen Ereignissen die Zeit geradezu einfriert. Intensive Momente kommen uns in der Rückschau wie weite Zeitstrecken vor, während Routine sich in der Erinnerung in ein Nichts auflöst. Doch immer gilt: Jede Gegenwart dauert nicht länger als drei Sekunden. Nur diese kleine Spanne können wir gestalten – und vergessen oft das Innehalten, das dazu nötig ist. Wir hecheln durch den Tag, durch die Nacht, immer entlang an einem Zeitstrahl, häufig diktiert durch andere Personen.

Tipps

Meine Empfehlung: Geben Sie Ihren Momenten Farbe. Bedenken Sie: Außergewöhnlich schöne Erinnerungen erhalten mehr Speicherplatz im Gedächtnis als Alltagsaufgaben. Das mag der Grund sein, warum wir denken, im Alter verfliege die Zeit schneller als in jungen Jahren. Ein Kind ist fähig, über das Leben zu staunen. Es ist neugierig aufs Zeitensammeln. Ein alter Mensch hingegen staunt nicht mehr. Er hat viel gesehen, viel erlebt, kaum etwas überrascht ihn noch. Aus Déjà-vu wird Langeweile. Das wird unter der Kategorie Routine abgelegt.
Deshalb ein weiterer Tipp für Sie: Bleiben Sie wissbegierig! Schaffen Sie sich Momente voller Überraschungen. Das bereichert Ihr Leben sowohl in der Gegenwart als auch in der Erinnerung. Das klappt übrigens gleichermaßen in alltäglichen Situationen, wenn Sie bereit sind, hin und wieder die Perspektive zu wechseln.

»Wie es Euch gefällt«

»Die Zeit vergeht bei verschiedenen Menschen verschieden schnell.« Das schrieb der Dramatiker und Lyriker William Shakespeare in seinem Theaterstück »Wie es euch gefällt« (1599). In diesem Satz steckt ein ganzes Paket an Wahrheit. Ich selbst erlebe diesen Satz Shakespeares täglich, wenn ich zum Beispiel in einer Schlange von Wartenden an der Supermarktkasse stehe: Ungeduldig wippe ich von einem Bein aufs andere, denke an die Termine, die folgen und die ich vielleicht verspätet erreiche, male mir Szenen aus, wie ich diese gerade vergeudete Zeit effizienter füllen könnte. Das ergibt im rein biologischen Sinne einen Adrenalinschub in den Adern und im gefühlten Sinne ein Dilemma um die Frage: Bleiben oder gehen? Würde ich diese Schlange an der Kasse verlassen, gäbe es zum Abendessen den aufgewärmten Kartoffelauflauf von gestern, würde ich bleiben, könnte ich einen frischen Salat zubereiten. Sofort regt sich mein Gewissen. Also bleibe ich, leide und stelle fest, dass manch anderer vor beziehungsweise hinter mir mit Gelassenheit reagiert. Diese Menschen scheinen die Situation als gottgegeben hinzunehmen, während ich mich angestrengt wundere, warum keine bessere Organisation im Supermarkt möglich ist, warum nicht mehrere Kassen öffnen, warum die Zeit und Nerven der Kunden strapaziert werden. Diese Spirale könnte ich weiter drehen im watzlawickschen Sinne und irgendwann den Laden verlassen mit den Worten: »Dann behalten Sie doch Ihren Salat!«

Aber zum Glück habe ich mir mit den Jahren eine Methode antrainiert, die mich tief atmen lässt und schwierige Situationen als Chance spiegelt, nämlich einfach einmal Ruhe zu bewahren und meine Mitte zu spüren. Unwillkürlich lächle ich dann in mich hinein, weil ich erkenne, dass Ungeduld ein typisches Merkmal für die Macher im Structogram ist. Deren Zeitgefühl hat einen schnellen Takt. Sie neigen dazu, polychrom zu denken, im Multitasking zu handeln. Stillstand macht sie nervös. Es sei denn, sie geben sich Genussmomenten hin.

Ich hoffe, Sie leben mit Ihrer inneren Uhr im Einklang. Alles andere würde auf Dauer Ihrem persönlichen Glück entgegenlaufen. Wenn ich diesen Aspekt im Coaching anspreche, dann staunen meine Klienten häufig: »Was hat Glück mit Zeit zu tun? Glück ist doch ein Gefühl und Zeit eine berechenbare Größe.« »Nein!«, lautet dann meine Antwort: »Verschleuderte Zeit ist ein Dilemma für Körper und Geist. Bleiben Sie daher achtsam – in jedem Moment.«

Unser Gehirn filtert täglich aus millionenfachen Reizen das Relevante heraus. So entsteht aus einem kleinen Stück Gegenwart ein Stück Erinnerung. So weitet sich unser Erlebnis- und Erfahrungshorizont. Wie er sich färbt und wie er sich spannt, dafür ist der Mensch selbstverantwortlich. Er kann ihn mit Glücksmomenten betupfen. Auch wenn Glück längst zu einem Politikum geworden ist, so bleibt es doch eine sehr persönliche Angelegenheit, um nicht zu sagen: Glück ist Selbstverantwortung.

Sobald die politischen Rahmenbedingungen aus Freiheit, Demokratie und Rechtsstaatlichkeit gelten, bleibt jedem Menschen ein eigener Lebensentwurf. Kein Politiker kann diese Verantwortung übernehmen. Zwar bringen die Vereinten Nationen regelmäßig den Glücksreport hervor, dort stehen Schwarz auf Weiß die Kriterien für ein Länderglück. Es erschöpft sich übrigens nicht im Messen des Bruttonationalproduktes, sondern richtet den Fokus auf Bildung, Gesundheit und die Länge der Lebensdauer. Zwar finden wir die Idee des Königs von Bhutan anregend, wenn er seine Minister jährlich aussendet, um die Bevölkerung zu fragen: »Was, liebe Untertanen, macht euch wirklich glücklich? Schreibt auf, kreuzt an, seht diese Liste als meine Bemühen um euer Wohlgefühl.«, so oder ähnlich mögen die Worte der Bevölkerung entgegenhallen. Zwar hat Bundeskanzlerin Angela Merkel zur Jahreswende 2016 verkündet, sie wolle sich um das Glück der Deutschen bemühen und hat damit weiche Faktoren in ihre Jahresagenda gesetzt. Das alles mögen gute und richtige Ansätze sein, ein Faktum aber bleibt: Glück entsteht durch einen neuronalen Stoff im Kopf, gemixt aus Serotonin und Dopamin und ob dieser sprudelt, hängt davon ab, ob ein Mensch seine Zeit als Geschenk begreift und seine Talente als Motor im Leben.

Wem es gelingt, in seinem Takt zu planen, der wird nicht untergehen in den Reizen und Eindrücken oder den Verordnungen der anderen. Der wird seinem Glück eine eigene Note geben. Es kann niemals darum gehen, sich nach fremden Uhren zu richten! Gott sei Dank legt sich auf den Stechuhren in den Betrieben langsam der Staub und starr festgelegte Arbeitszeiten sind ein auslaufendes Modell. Die Moderne verlangt flexible Zeiten bei hoher Mobilität. Die Grenzen zwischen Arbeits- und Freizeit sind gerade dabei, sich aufzulösen, und damit wird die Zeit wieder als fließend betrachtet und nicht zerhackt in zwei Teile. Die Digitalisierung macht eine solche Form der Freiheit möglich. Ein Planen nach dem persönlichen Takt ist wohl ein Geschenk. Es lässt eine Dehnung der New Yorker Minute auf ein individuelles Maß zu. Wer sagt eigentlich, dass diese Minute schnell, rasant und temporeich sein muss? Sie kann ebenso mit Genuss und Langmut erfolgen und doch eine innere Bereicherung sein. Es ist alles eine Frage der Persönlichkeit – und auch der Perspektive.

Geschenkte Zeit

Stellen Sie sich einmal vor, morgen um 12:00 Uhr fliegt eine Fee durch Ihr Bürofenster im fünften Stock des Firmengebäudes und landet mitten auf Ihrem Schreibtisch. Sie fragt nicht nach Ihren drei begehrten Wünschen. Vielmehr flüstert sie Ihnen zu: »Du hast heute ganz unverhofft einen zusätzlichen Tag voller Zeit.« Natürlich werden Sie sich verdutzt die Augen reiben und es mag sein, dass Ihnen diese Fee samt Geschenk sogar ungelegen kommt. Mit einem Seitenblick auf den Stapel rechts auf dem Tisch ziehen Sie die Schultern ein und denken sich: »Einen zusätzlichen Tag geschenkt, der nicht im Terminplan steht? Das wäre wunderbar.« Listen, Meetings, Anrufe und E-Mails würden erst morgen erledigt werden müssen. Die Fee tippt gegen den Computer, gegen das Smartphone, gegen den Timeplaner und alles verschwindet für einen Tag. Sie stehen ohne Equipment da. Daraufhin verabschiedet sich die Fee mit einem Augenzwinkern und schwebt davon. Sie bleiben perplex zurück und denken nach: Was könnten Sie mit dieser geschenkten Zeit anfangen? Sie massieren sich die Schläfen und doch fällt Ihnen nichts ein.

Wenn sich plötzlich ein Freiraum ergibt, weil das gesamte Computersystem in der Firma stillsteht oder ein Treffen abgesagt wird, dann sind wir meist ratlos. Was fangen wir wünschenswerterweise mit dieser Lücke im Tag an?

Sicherlich ist es Ihnen auch schon so ergangen, dass Ihnen just in dieser überraschenden Wendung nichts Sinnvolles einfiel. Das ist normal. Gute Ideen schlummern oft in der Tiefe des Gedächtnisses und kommen nicht auf Kommando hervor. Und auch Kreativität ist ein höchst flüchtiger Stoff. So kann es passieren, dass wir unverhoffte und geschenkte Stunden mit Grübelei oder Langeweile füllen, wie schade.

Aller Wahrscheinlichkeit nach verbringen Sie in Ihrer Lebenszeit 23 Jahre schlafend, 100 Stunden pro Jahr in einem Supermarkt sowie weitere 25 Stunden in der Warteschlange an der Kasse. Sie stehen rund 36 Stunden pro Jahr im Stau und verbrauchen acht Monate Ihrer Lebenszeit mit dem Verschieben ungelesener E-Mails in den virtuellen Papierkorb. Und Sie lächeln rund sechs Minuten am Tag. Welches Ungleichgewicht im Gefühlshaushalt! Er lässt in nahezu jedem Menschen den Wunsch wachsen, mehr Zeit zu haben, mehr Ruhe für sich selbst zu finden. Und doch bleibt das Paradoxon.

Für den Fall, dass sich unerwartet ein Freiraum ergibt, habe ich mir ein Schatzkästchen angelegt. In meinem Handy gibt es eine Notizseite mit der Überschrift: Für schöne Momente. Dort stehen meine Geistesblitze für eine freie Zeit, zum Beispiel: mit dem Mountainbike querfeldein fahren, Inlineskaten, ein Bild zeichnen, eine Stunde Yoga, Klavier spielen. Das alles sind Aktivitäten, die meine rechte Gehirnhälfte aktivieren, zuständig für die Kreativität. Besonders im Business wird diese leider häufig vernachlässigt. Dort sind Logik, Sprache, Wissen gefragt – eben die linke Hälfte im Kopf. Glückliche Menschen bedienen aber beide Hirnbereiche gleichermaßen, weil dann erst der Mensch in seiner Ganzheit wirkt.

Tipp

Denken Sie einmal über Ihr Schatzkästchen für unverhoffte Augenblicke nach. Halten Sie es griffbereit und tauchen Sie dann ein in Ihre freie Zeit. Werden Sie zum Perlensammler Ihrer Zeit. Bedenken Sie: Nichts kann sich schneller ändern als dieses kaum fassbare Phänomen.

Don Henley hat darüber das Lied »New York Minute« geschrieben, es wurde ein Welthit mit dem Refrain:

> »In a New York minute, everything can change
> In a New York minute, things can get pretty strange
> In a New York minute, everything can change
> In a New York minute.«

»In einer New Yorker Minute kann sich alles ändern, die Dinge können ziemlich seltsam werden. Alles kann sich ändern in einer New Yorker Minute.« (frei übersetzt)

Literatur und Internetlinks

Wenn Sie mehr zu den bisherigen Ausführungen lesen möchten, dann finden Sie hier die Literaturangaben der bisherigen Quellen:

Levine, Robert: Eine Landkarte der Zeit. München: Piper, 19. Auflage 2015

MacLean, Paul: The Triune Brain in Evolution. Role in Paleocerebral Functions. Heidelberg: Springer 1990

Physikalisch-Technische Bundesanstalt (Hrsg.): http://www.ptb.de/massstaebe/heft_6/massstaebe_06_11.pdf [05.09.2016]

Schoemen, Juergen: Evolution der Persönlichkeit. Luzern: IBSA Institut für Biostruktur-Analysen, 15. Auflage 2015

Wittmann, Marc: Wie unser Gefühl für die Zeit entsteht. In: Spektrum der Wissenschaft. Oktober 2014. http://www.spektrum.de/magazin/wie-unser-gefuehl-fuer-die-zeit-entsteht/1304055 [05.09.2016]

Kapitel 2
Ich weiß, wer ich bin

»Wer sich einmal gefunden hat, der kann nichts auf dieser Welt mehr verlieren.«

Stefan Zweig

Der Kern der Persönlichkeit

Ob Sie in Meetings und Verhandlungen erfolgreich sind, ob Mitarbeiter und Partner Ihnen vertrauen, das ist keine Frage der Rhetorik. Sie können Strategien entwerfen, Rollen einstudieren und ein wahrer Meister der Kommunikation werden – wenn Ihr Auftreten nicht zu Ihrem Temperament passt, hinterlassen Sie immer eine kleine Irritation. Die kratzt an der Glaubwürdigkeit. Die schmälert Ihren Erfolg, weil die anderen zu Recht zweifeln und sich fragen: »Ist der wirklich so, wie er sich gibt – oder spielt der nur Theater?« Der Grund dafür ist: Jeder Mensch besitzt sein eigenes Temperament. Das lässt sich nicht verbiegen. Das drängt pur nach außen.

Bereits vor der Geburt bildet sich im Gehirn ein Muster aus vielen Millionen Nervenzellen. Dieses Muster wird sich erweitern, verfeinern und mit den Einflüssen, die uns im Leben erwarten, zu einer Landkarte formen. Wer diese kennt und anerkennt, der wird authentisch sein, wird um seine Stärken und Schwächen wissen und ebenso um seine Intelligenz. Er wird, wie es Stefan Zweig ausdrückte, sich finden und sich niemals wieder verlieren.

Natürlich können Sie in Neu-Delhi mit dem Kopf wippen, statt ihn vehement zu schütteln, weil das Zögern der asiatischen Mentalität entgegenkommt. Sie können auch in Boston mit der Faust auf den Tisch schlagen und brüllen: »Nicht mit mir!«, um nachher gemeinsam mit Ihrem Gesprächspartner ein Bier zu trinken – weil dort ein rauer Ton als Zeichen für Selbstbewusstsein steht. Wer bereit und fähig ist, sich auf die Vorlieben und Verletzbarkeiten des Gegenübers einzustellen und seine interkulturelle Kompetenz zu trainieren, der wird aller Wahrscheinlichkeit nach einen guten ersten Eindruck hinterlassen. Und was ist mit dem zweiten? Der wird vielleicht nicht mehr ganz so gut sein, wenn Menschen im Trainingsmodus agieren, wenn sie vergessen, ihr Temperament als angeboren und gottgegeben zu betrachten. Kurzum: Wie Sie denken, handeln, fühlen, in welcher Geschwindigkeit Sie sich durch Ihre Zeit bewegen, das ist zu einem großen Teil eine Sache

Ihrer Gene – und nicht des Trainings. Zwar könnten Sie jetzt einwenden, dass Gene nach aktuellen Forschungen sich kaum unterscheiden, weil der Mensch eben ein Mensch ist und zurückblicken kann auf gemeinsame Vorfahren in Afrika, die als Homo sapiens vor rund 130 000 Jahren aufbrachen, um die Welt zu entdecken. Dann antworte ich: Ja, das ist uneingeschränkt richtig – und doch hat jeder Mensch eine Grundstruktur in seiner Persönlichkeit, auf deren Basis sich sein Charakter bildet.

Von Anfang an war es das menschliche Bestreben, sich an seine Umgebung anzupassen, soziale Gemeinschaften zu gründen – und sich doch als eigene Persönlichkeit zu sehen. Entsprechend entwickelte sich das Gehirn. Umfasste das bei einem Homo rudolfensis in Afrika vor rund zwei Millionen Jahren nur etwa 750 Kubikzentimeter, so nahm es mit der Zeit an Umfang und Fähigkeit zu. Die Herausforderungen stiegen, als der Mensch mit seiner Wanderschaft von Afrika nach Indien und nach Europa begann. Damit veränderte sich das Klima, die Vegetation, die Nahrung und die Art und Weise des Zusammenlebens. Neue Werkzeuge waren nötig, neue Riten etablierten sich. Mit der Bewegung über die Kontinente änderte sich zudem das Zeitgefühl. Das alles erforderte ein hohes Maß an Flexibilität im Denken. Plötzlich ging es nicht mehr ausschließlich um eine Entscheidung zwischen Flucht oder Angriff. Plötzlich gab es noch andere Überlebensmöglichkeiten wie Feuer machen, Werkzeuge entwickeln, Aufgaben teilen. Dem Stammhirn fügte sich das Zwischenhirn hinzu und bald folgte das Großhirn. Heute umfasst das menschliche Gehirn rund 1 500 Kubikzentimeter und Wissenschaftler fragen sich: Ist damit die Perfektion erreicht?

Niemand wird diese Frage je beantworten können. Wir werden wohl mit dem Rätsel Mensch weiterhin leben müssen. »Das Gehirn verstehen heißt, die Natur des Menschen verstehen«, konstatierte bereits Hippokrates und vielleicht meinte er damit jene Frequenzen der Gene, die Menschen einzigartig machen und auch den individuellen Erfahrungshorizont, der jedem Menschen zu eigen ist. Hier wird die Forschung niemals enden und vor diesem Hintergrund haben sich unterschiedliche Persönlichkeits- und Zeitmodelle am Markt etabliert. Wir dürfen auswählen, welcher Theorie wir folgen wollen.

Persönlichkeit nach dem Structogram

Die Wissenschaftler des Structograms schließen die Sichtweise der Genhistoriker mit ein, gehen jedoch im Speziellen davon aus, dass 40 Prozent der Persönlichkeit erblich bedingt sind und 60 Prozent durch Erziehung und Umwelt beeinflusst werden. Bis heute folgen sie damit der These, die der Anthropologe Rolf W. Schirm bereits in den 1970-er-Jahren definierte. Schirm war es wichtig, zu erklären, dass es sich nicht um statische Gegebenheiten handeln könne, sondern dass es eine weiche und fließende Linie zwischen den beiden Teilen der Persönlichkeit aus Veranlagung und äußeren Einflüssen gebe. Der Gehirnforscher Paul MacLean hat diesen wertschätzenden und optimistischen Ansatz durch das Konzept des »drei-einigen Gehirns« fassbar gemacht. Es war eine fruchtbare Zusammenarbeit zweier Forscher. MacLean schrieb in einem Vorwort über Schirm: »Als Anthropologe mit tiefen Einsichten in das menschliche Verhalten ist Rolf W. Schirm vielleicht der Erste, der erkannt hat, welche Möglichkeiten das neue Wissen über das Gehirn bietet, Menschen in allen Bereichen der Wirtschaft zu helfen, indem es ein besseres Verständnis menschlicher Beziehungen schafft und dem Leben mehr Sinn verleiht.« (http://www.anthroprofil.de/institut-fuer-angewandte-anthropologie/wissenschaftliche-urheber/paul-d-maclean/). Vier Eckpunkte markieren den Wert dieses gemeinsamen Persönlichkeitsmodells von Schirm und MacLean:

- Es bietet auf wissenschaftlicher Grundlage eine erste Einschätzung der Persönlichkeit.

- Es beschreibt mit nahezu einhundertprozentiger Treffsicherheit die Dominanz des Temperaments und damit des persönlichen Zeittaktes.
- Es deckt auf, wo Menschen ihr Potenzial bergen.
- Es ermuntert, das eigene Potenzial anzuerkennen und zu leben.

Grenzen überschreiten

Aber nicht immer können Menschen in Gänze ihre Veranlagungen, die sie als Geschenk mit ihrer Geburt erhalten haben, ausleben. Selten herrschen günstigste Umstände, beste Förderung, höchste Entfaltungschancen. Wir können nicht voraussagen, was die Einflüsse aus Erziehung und Umwelt mit uns machen. Allerdings können wir sicher sein, dass die Basis der Persönlichkeit, die sich in unserem Gehirn bereits vor der Geburt anlegt, uns Grenzen im Handeln und Wirken aufzeigt. Überschreiten wir diese Grenzen, fühlen wir uns nicht mehr authentisch. Dann müssen wir viel Kraft aufwenden, um unsere Ziele zu erreichen. Unterschreiten wir diese Grenze, macht sich ein diffuser Missmut breit und die Leistungsbereitschaft sinkt nahe dem Gefrierpunkt. Kaum etwas ist frustrierender als die Ahnung, ständig unterhalb seines Niveaus zu agieren und das eigene Potenzial brachliegen zu lassen. Ich glaube, Menschen werden umso zufriedener im Leben sein, je näher sie sich an ihre natürlichen Grenzen heranwagen und versuchen, diese stetig zu erweitern. Dann fließen die Aufgaben leicht von der Hand.

Stellen wir uns einen Menschen vor, der einen Intelligenzquotienten von 120 aufweist. Er kann ihn durch Training auf voraussichtlich 130 erhöhen, zum Beispiel mit Apps zum Gehirnjogging. Nichts ist in Stein gemeißelt! Jeder der drei Bereiche aus Stamm-, Zwischen- und Großhirn greift aufeinander zu, lässt Erinnerungen, Wissen und Emotionen verweben, lässt Stärken stark werden. Deshalb ist es Menschen bis ins hohe Alter möglich, Sprachen zu lernen. Mein Vater büffelte mit 70 Jahren Italienisch und mit

80 Jahren Spanisch. Mit 86 Jahren sprach er beides fließend. Zwar ist das Fenster für Sprachentwicklung schon im dritten Lebensjahr eines Menschen weit geöffnet und es wäre perfekt, würde es bereits dann mit Vokabeln gefüllt. Aber doch ist es eine Tatsache, dass sich dieses Fenster nie wieder fest verschließt. Der Mensch strebt ein Leben lang nach Wörtern, Sprache, nach Ausdruck, verbindet Wissen mit Logik und mit Gefühl. Das Modell des »dreieinigen Gehirns« berücksichtigt diese reziproke Arbeitsweise der grauen Zellen. So schreibt Jürgen Schoemen in seinem Buch »Evolution der Persönlichkeit«: »Durch dieses Organ denken, sehen, hören und beurteilen wir das Hässliche und Schöne, das Schlechte und Gute, das Angenehme und Unangenehme... Durch eben dieses Organ geraten wir aber auch außer uns, treten Ängste und Schrecken an uns heran, ebenso Träume, unzeitige Irrtümer, unbegründete Sorgen...« (Schoemen 2015, S. 31).

Um diese Gefühlswelt in uns in Balance zu halten, ist es wichtig, sie durch Selbsterkenntnis und Achtsamkeit zu erfassen.

Tipp

Hören Sie niemals auf, sich selbst zu entdecken, immer wieder die Antwort zu suchen auf die Frage: Wer bin ich wirklich? Denn nur diese eine Frage führt Sie hin zu Ihrem Temperament und damit vielleicht sogar über die Grenzen Ihres Potenzials hinaus.

Sehen wir nun einmal genauer hin, wie ein Temperament entsteht.

Vor dem ersten Schrei zum Potenzial

Zuerst verschmelzen die Chromosomen. Je 23 des Vaters und 23 der Mutter bestimmen das Geschlecht und die genetische Veranlagung, bevor die Zellen anfangen, sich zu teilen. Wenig später beginnt das Herz zu schlagen, im schnellen Takt – bis zu 160 Mal in der Sekunde. Jede Zelle kennt ihre Aufgabe. Organe, Arme, Beine wachsen und bald darauf schließt sich das zuvor angelegt Neuralrohr, die Verbindung zwischen Rückenmark und Gehirn. Das Wunderwerk Gehirn entsteht also früh, sehr früh: in der dritten bis achten Schwangerschaftswoche. Was folgt, sind das Bilden und Teilen der Nervenzellen, das Aufnehmen von Informationen, das Festigen der Strukturen, das Erwachen der Sinne. Wenn dieser kleine Mensch auf die Welt kommt, mit dem ersten Schrei die Lunge voller Sauerstoff füllt und dabei über einen Reichtum von Hunderten Milliarden Nervenzellen im Kopf verfügt, dann steht zu diesem Zeitpunkt fest, in welchem Rhythmus er am besten durch dieses Leben geht, das sich gerade vor ihm ausbreitet. Ob er das mit seinem Verhalten in Einklang bringt, wird entscheidend sein für sein Selbstverständnis und damit für seinen Erfolg.

Um es einmal plastisch mit einer Metapher auszudrücken: Wir werden entweder als Apfel, Banane oder Kiwi geboren. Kein Umstand und keine Anstrengung wird jemals daran etwas ändern. Weder Kiwi noch Banane können sich in einen Apfel verwandeln, egal wie sie sich im Laufe des Wachstums anstrengen oder andere an diesem Ziel herumdoktern. Ein Apfel bleibt ein Apfel. Und doch kann es sein, dass Umweltfaktoren und Behandlung diesem Obst nicht genügend Zeit zum Reifen einräumen, dass es an Sonne und/oder Wasser mangelt. Dann wird das Fruchtfleisch mehlig, die Schale rissig, in einer traurigen Weise schrumpelt ein solcher Apfel vor sich hin – während ein anderer saftig, süß und in leuchtender Farbe erscheint.

Dass Menschen ihr Potenzial ausreizen, ist leider nicht selbstverständlich. Manchmal ist es eine Sache des Glücks. Zum Beispiel das Glück eines Kindes, in eine wohlwollende, aufmerksame, fördernde Familie hineingeboren zu werden. Ein solches Kind wird sich entfalten, seinen eigenen Rhythmus finden dürfen. Nach dem Modell des Structograms bedeutet es Folgendes: Kinder haben unterschiedliche Ansprüche und lassen sich nicht in standardisierte Methoden pressen. Kinder mit einer ausgeprägten Struktur im Zwischenhirn sind dynamisch, ungeduldig, schnell – sie brauchen Bewegung im Freien, Trampolinspringen im Garten oder das Fußballspiel. Ein stammhirnstarkes Kind benötigt eine sanfte Stimmung mit sehr viel Lob, vielleicht mit einem dicken Eisbecher gekrönt. Ein Kind, das eine Dominanz im Großhirn aufzeigt, kann in seiner Spielwelt versinken und aus Klötzen eine beeindruckende Landschaft bauen. Der Rückzug ist ihm wichtig.

Aufmerksame Eltern werden zu Spurensuchern. Sie begeben sich auf eine Entdeckungsreise jenseits der Erziehungsmethoden, um ihr Kind in seiner Individualität zu begreifen. Aber Achtung, vergessen Sie die natürlichen Grenzen nicht! So mahnt beispielsweise der Professor für Pädagogische Psychologie Gerhard Büttner: »Pädagogische Maßnahmen zur Förderung von Kindern sind sinnvoll – überzogene Erwartungen sind es nicht!« (http://www.ploecher.de/2008/12-PA-L1-2008/Anlage-Umwelt.pdf). Auch Gehirnforscher warnen zunehmend lauter vor einem sogenannten Overload an Wissenstraining.

Tipp

Fokussieren Sie sich also auf Ihre Stärken, statt sich nach allen Seiten zu verlieren. Denn in diesem Bereich können Sie wahrlich Großartiges leisten, wenn Sie fleißig daran arbeiten. Hingegen können Sie trotz Fleiß eine Schwäche niemals zur Stärke wandeln.

Albert Einstein war ein Genie in der Naturwissenschaft, aber er konnte noch so viel das Spielen auf der Geige üben, er kam nicht über das Mittelmaß hinaus. Mozart war ein Wunderkind, ein Jahrtausendsassa, ein kreativer Kopf vor dessen Gabe man in die Knie gehen könnte – und dennoch wohl ein Frauenheld, ein Spieler.

Möglicherweise für alle, die abseits der Genialität stehen, lässt sich daraus ableiten: Es gibt keine Menschen ohne Schwächen, aber

Schwächen lassen sich durchaus bis auf ein akzeptables Maß reduzieren. Ein Kind mit Lese- und Rechtschreib-Schwierigkeiten wird bei entsprechender Förderung wohl nie ein Literat werden, aber vielleicht jemand sein, der Fachtexte logisch gliedern und schreiben kann. Ein Kind mit der angeborenen Gabe zu malen wird bei entsprechender Förderung wie ein Pfeil den Durchschnitt durchbrechen und auffallen mit sehr guten Werken. Es wird ihm leicht von der Hand gehen und oftmals während seiner Arbeit jenen begehrten Flow bescheren, in dem sich Raum und Zeit auflösen, indem es eins ist mit seiner Fähigkeit.

Und nun komme ich mit einer erfreulichen Botschaft in diesem Kapitel: Selbst wenn Sie nicht das Glück hatten, gefördert und gefordert zu werden, wenn die Umstände in der Kindheit und Jugend nicht in jeder Weise optimal waren, so ist es jederzeit möglich, im fortgeschrittenen Erwachsenenalter seinen eigenen Rhythmus zu erkennen und sein Potenzial zu leben. Es ist Teil Ihrer Persönlichkeit. Der Neurobiologe Gerhard Roth schreibt dazu: »Menschen zeigen in dem, was sie tun, ein zeitlich überdauerndes Muster. Dies nennt man ihre *Persönlichkeit*. Sie ist eine Kombination von Merkmalen des Temperaments, des Gefühlslebens, des Intellekts und der Art zu handeln, zu kommunizieren und sich zu bewegen. Personen unterscheiden sich gewöhnlich untereinander in der Art dieser Kombination« (Roth 2015, S. 19). Was aber passiert, wenn Menschen versuchen, ihre Persönlichkeit zu verändern, weil von ihnen anderes verlangt wird als es ihrer Bestimmung entspricht?

Nehmen wir einmal an, Sie zählen sich zu den temperamentvollen Persönlichkeiten. Was wäre, würde Ihr Boss zum Beispiel entscheiden, dass Sie fortan nicht mehr der Teamleiter, der Inspirator, der Mann visionärer Ideen wären, sondern der Buchhalter? Sie würden den Tag in einem Einzelbüro mit Palme am Tisch verbringen, an den Wänden befänden sich Abbildungen von Statistiken und Kennzahlen der letzten fünf Jahre und Ihre Aufgabe wäre es, diesen Erfolg in Zahl und Form zu bringen, ihn detailgenau aufzubereiten, sodass er den Richtlinien der deutschen Rechnungslegung entspräche. Ich muss kein Hellseher sein, um Ihnen zu verraten: Sie verlören Ihren Elan, Ihre Selbstwirksamkeit, Ihre Eloquenz. Sie würden blass und fahl. Der Stresspegel erhöhte sich. Man könnte sagen: Stress würde zum Grundton Ihres Alltags.

Stress ist, wenn Menschen sich hilflos fühlen. Was dem einen die Zornesröte ins Gesicht treibt, lässt den zweiten nicht mit der Wimper zucken. Stress ist genauso wie Zeit stark geprägt von einem persönlichen Empfinden und je nach Temperament reagiert ein Mensch entweder aggressiv, pedantisch oder traurig. Deshalb sind die folgenden Kriterien eines üblichen Stressverlaufs dehnbar und in ihrer Intensität unterschiedlich erlebbar, aber doch folgen sie stets demselben Schema.

! Stress und seine Auswirkungen

Bei anhaltendem und erhöhtem Stress geschieht Folgendes:

- Der Mensch verliert die Orientierung, weil zu viele und andauernde Stressoren wirken.
- Das vermindert die Aktivierung, weil körperliche und geistige Energien sich im Stoffwechsel stauen.
- Die Anpassung gelingt nicht mehr, weil das Zwischenhirn Angriff oder Flucht als Reaktion hervorruft.
- Erholung findet nicht mehr statt, weil Ruhephasen in einem hektischen Alltag nicht mehr stattfinden.

Was daraus folgt ist:

- Überforderung
- Erschöpfung
- Lebensgefahr

Das bedeutet: Wer gegen seine Persönlichkeit und damit gegen seinen Zeittakt arbeitet, der landet im Dauerstress und erhöht die Unfallgefahr in seinem Leben und zudem die Wahrscheinlichkeit einer Depression, eines Burnouts und eines Herz-Kreislauf-Zusammenbruchs.

Ich gebe mich anders, als ich bin

Mit dem Stress schwindet neben der Gesundheit auch die Ausstrahlung eines Menschen, die Optik verändert sich und damit die Leichtigkeit in der Kommunikation und im Handeln. Das wurde mir selten deutlicher vor Augen geführt als in einem Persönlichkeitstraining für Führungskräfte, das ich in der Schweiz gab.

Hundert Punkte!

Nach einer Einführung in das Entstehen einer Persönlichkeit und deren unterschiedlichen Facetten bat ich die Teilnehmer zum einen um Selbsteinschätzung sowie zum anderen um gegenseitiges Feedback. Dieser Part ist spannend und lebendig, geht es doch um Eigen- und Fremdwahrnehmung und um eine erste Spur zum persönlichen Zeittakt. Auch ich mache mir Notizen, beobachte die Teilnehmer genau, interpretiere, wie sie mimisch und gestisch reagieren, achte darauf, wie sie gekleidet sind, sich bewegen und sitzen, wie sie ihre Utensilien auf dem Tisch sortieren. Es ist für mich immer wieder eindrucksvoll zu erfahren, wie nah die erste Einschätzung der Teilnehmer an meiner liegt, wie schnell sich die Dominanz aus Geselligem, Macher oder Analytiker nach vorn drängt.
In diesem Seminar aber war es anders: Eine Managerin, nennen wir sie Sabine Peters, war in meinen Augen und auch nach Einschätzung der Teilnehmer eine Gesellige – und hatte sich doch die Verhaltensweisen einer Analytikerin antrainiert. Sie kleidete und benahm sich und sprach in dieser Weise. Ihre Stimme war leise, ihre Antworten knapp und sachlich, dabei spitzte sie den Mund, verschränkte die Arme und Beine. Die Farbe ihrer Kleidung war unauffällig und ihre Materialen auf dem Tisch nahezu akribisch angeordnet, Lineal und Bleistifte bildeten Parallelen, das aufgeschlagene Notizheft war mit Datum und Uhrzeit versehen. Sie schrieb jedes Detail mit und unterstrich die Kernsätze. In der Tat, sie schien ein sachliches, kühles Temperament zu besitzen. Aber ihre verspannte Muskulatur verriet den Bruch. Kein Fluss in der Bewegung, keine Leichtigkeit

in der Sprache. Wir waren irritiert und konfrontierten sie mit unserer Meinung: »Sabine, Sie sind eine Gesellige, auch wenn das nicht sofort zu erkennen ist.« Nein, gesellig sei sie nicht. Als Managerin in einem Unternehmen der Medizinbranche seinen Berechenbarkeit und Zukunftsdenken gefragt, also Merkmale eines Analytikers. Sie sei für Leistung, Zielerreichung, für das Abbilden eines messbaren Erfolges zuständig und nicht für Herzensangelegenheit oder gar ein nettes Plaudern. Damit war für sie das Thema erledigt. Basta.

Am Ende des Tages bot ich wie üblich in einem Einzelcoaching meine Einschätzung und meine Begründung an, so auch bei Sabine Peters. Ich erklärte ihr, es gehe mir nur um eines: dass es jedem Teilnehmer gelinge, sein wahres Potenzial zu leben und einen für sich gesunden Zeittakt zu erkennen. Es gehe nicht um die Ansprüche, die andere an uns stellen, nicht um das Erreichen fremder Ziele. Es geht um das eigene Glück, das immer einhergeht mit einem authentischen Verhalten. In diesem Gespräch öffnete sich bei Sabine Peters eine Schleuse. Sie erzählte von ihrem Rollenwechsel in der Persönlichkeit: Sie glaubte, es sei hilfreich, eine Frau mit ausgeprägten analytischen Anteilen, mit einem sachlichen Auftreten, mit einer strukturieren Arbeitsweise zu sein. Sie hatte ihre warmherzigen Anteile zurückgedrängt. Welche Kraft musste sie dafür täglich aufbringen!

Wir entschieden, ihre ursprünglichen Grundpotenziale Ihrer Persönlichkeit wieder einzuladen und anzuerkennen, ihre Empathie für Menschen wieder aktivieren zu dürfen. Sabine ließ es zu. Augenblicklich blühte sie auf: Ihr Hautwiderstand ließ nach, die Anspannung im Gesicht löste sich sichtbar, ihre Augen begannen zu glänzen. Da war nichts Eckiges mehr in ihrer Bewegung, nichts Verspanntes mehr in ihrem Gesicht. Als wir für diesen Tag auseinandergingen gab sie mir ihre Hand und sagte, ihr sei eine alte Weisheit wieder eingefallen: »Ganz egal, wie lange ein Baumstamm im Wasser liegt, er wird kein Krokodil werden.« Da blinkte der Witz auf, den Gesellige in sich tragen. Und am nächsten Tag dachten die Teilnehmer und ich, eine andere Frau würde im Raum sitzen. Sie war offenherzig und vertrauensselig. Sie schien um Jahre jünger als am Tag zuvor.

Ich habe Sabine Peters zwei Monate später wiedergetroffen, den Kontakt gehalten – teils aus Sympathie, teils aus Forscherdrang – und war erfreut zu sehen, wie sie ihre Stärken in ihren Beruf integriert hat. Ihre Ängste, nicht ernst genommen zu werden, lachte sie zur Seite. Sowohl Mitarbeiter als auch Verhandlungspartner nahmen sie als Frau wahr, der es gelingt, Charme und Sachverstand zu verknüpfen. Die analytischen Zahlenaufgaben delegiert sie – getreu nach dem klugen Satz von Franz von Assisi: »Herr, gib mir die Kraft, die Dinge zu ändern, die ich ändern kann. Gib mir die Gelassenheit, das Unabänderliche zu ertragen und die Weisheit, zwischen diesen beiden zu unterscheiden.«

Wenn wir uns darüber bewusst sind, was wir verändern können und was wir auf keinen Fall verändern sollen, dann können wir diese Einsicht auf unser persönliches Zeitmanagement übertragen und werden zukünftig seltener ins Straucheln geraten oder gar an eine Methode glauben, die unserem Gefühl nicht entspricht. Wir werden fähig sein, nach unserem Rhythmus zu planen und zu handeln. Dann wird ein Macher seine Verhandlungsgespräche vielleicht mit einem Spaziergang verbinden, ein Geselliger wird ein Gespräch bei einem guten Essen führen und ein Analytiker wird sich mit Vorliebe allein an einen Tisch in der Firmencafeteria setzen, um über eine These in Ruhe zu Ende zu denken. Alles ist richtig, solange es dem Temperament entspricht. Ab Seite 51 biete ich Ihnen gern eine erste Beschreibung der Geselligen, Macher und Analytiker an und frage Sie: Mit welchen Stärken und Schwächen identifizieren Sie sich und haben dabei ein gutes Gefühl?

Alles, was Sie benötigen, ist das wertfreie Herantasten an diese drei Profile. Wertfrei deshalb, weil es kein Ranking gibt in Verhalten und Handeln, weil jeder Rhythmus richtig ist, solange er sich mit Ihrem Temperament und Ihrem Tempo deckt. Ein Geselliger bewegt sich langsam durch seine Zeit, er vergisst sie zuweilen, weil er sich mit Vorliebe gedanklich in der Vergangenheit verankert. Ein Macher hingegen lebt im Hier und Jetzt und neigt zur Ungeduld, wenn die kurze Gegenwartssequenz erfolglos verstreicht. Er will handeln, er will Ergebnisse und zwar sofort. Der Analytiker hat für diese Eile wenig Verständnis, denn seine Gedanken spielen in der Zukunft. Er tüftelt, dichtet seine Thesen ab, will wasserdichte Formeln, die auch morgen noch tragen. Ich kann ohne Einschränkung behaupten: Je höher das Temperament, desto höher das Tempo im Leben.

Literatur und Internetlinks

Büttner, Gerhard: Anlage und Umwelt – ihre Bedeutung für die kindliche Entwicklung. http://www.ploecher.de/2008/12-PA-L1-2008/Anlage-Umwelt.pdf [13.09.2016]

Büttner, Gerhard: Was wird aus uns? Bestimmen die Gene oder entscheidet die Umwelt? https://www.fortbildung-fernstudium.de/persoenlichkeitsbildung-und-gesundheit/kindererziehung/anlage-umwelt.php [12.10.2016]

MacLean, Paul: http://www.anthroprofil.de/institut-fuer-angewandte-anthropologie/wissenschaftliche-urheber/paul-d-maclean/

Roth, Gerhard: Persönlichkeit, Entscheidung und Verhalten. Stuttgart: Klett-Cotta, 10. Auflage 2015

Profile im Business: Ein Blick auf die Stärken und Schwächen der Persönlichkeiten nach dem Structogram

!

Der Gesellige

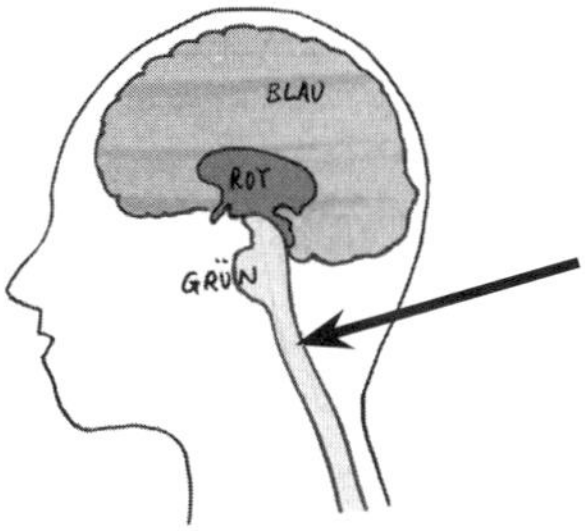

Stärken: Gesellige Menschen schätzen Kontinuität. Sie bleiben gern am vertrauten Arbeitsplatz, denn das gibt ihnen Sicherheit, die sie auch ausstrahlen. In Konfliktsituationen sind sie meist diejenigen, die vermitteln und aufgeregte Gemüter zur Ruhe bringen. Sie hören erst einmal ruhig, gut und geduldig zu und schaffen dadurch ein stabiles, beständiges Umfeld. Der Gesellige greift im Alltag auf seine Erfahrungen zurück und hält einmal vereinbarte Arbeitsabläufe ein.

Ideales Umfeld: Um ideale Ergebnisse zu erzielen sind Gesellige auf echte, ernsthafte Wertschätzung angewiesen sowie auf Anerkennung für ihren persönlichen Einsatz. Sie brauchen ein festes, abgegrenztes Aufgabengebiet, Kontinuität in den Arbeitsabläufen und eine vertraute Vorgehensweise. Konfliktsituationen meiden sie tunlichst, während sie Gelegenheiten zum persönlichen Austausch aktiv suchen und sehr gern wahrnehmen.

Schwächen: Veränderungen mögen Gesellige nicht, daher schieben sie neue Aufgaben gern vor sich her. Unter Druck sind sie nicht sehr leistungsfähig, sie sind unentschlossen und ergreifen selten die Initiative. Gesellige sind anderen gegenüber nachsichtig und tolerant, stellen die eigenen Wünsche dabei oft zurück und neigen dazu, sich von Beziehungen abhängig zu machen.

Der Macher

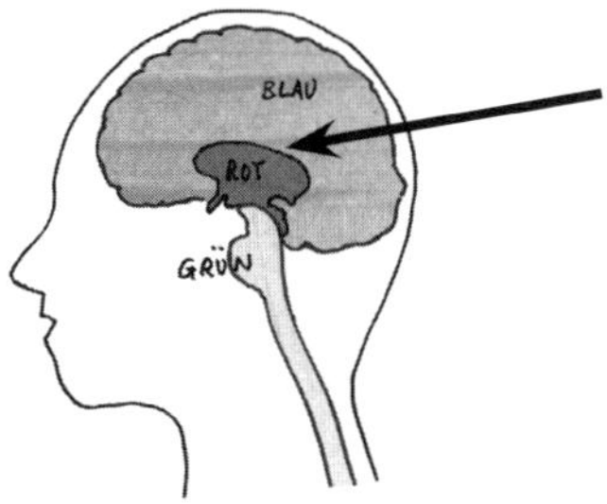

Stärken: Sie lieben neue Herausforderungen, treffen ihre Entscheidungen spontan und kommen schnell auf den Punkt. In kritischen Situationen übernehmen sie die Initiative, stellen sich auch Wettbewerbssituationen, die möglich zu gewinnen sind und empfinden das als Motivation. Sie sind wegorientiert und haben am liebsten die Führungsposition inne.
Die besondere Stärke eines Machers: Er ist ein Missionär (Vision und Mission). Das bedeutet, dass er das, was er sich ausdenkt, auch umsetzt. Sein großes Potenzial liegt in seiner Kreativität und dem Ideenreichtum. Durch die Nutzung zusätzlicher Kreativitätstechniken kann er sein Potenzial noch besser realisieren.

Ideales Umfeld: Der Macher schätzt selbstständiges Arbeiten mit wenig Kontrolle sowie neue und herausfordernde Aufgaben. Man findet ihn häufig in gehobenen Positionen, die ihm das gewünschte Prestige verleihen. Ausgiebige Diskussionen führt der Macher nicht, er gibt direkte Antworten, denn er hat auf dem Weg nach oben keine Zeit zu verlieren und nutzt jede Karrierechance, die sich ihm bietet.

Schwächen: Durch seine direkte Art verhält sich der Macher häufig wenig einfühlsam. Da er oft viele Aufgaben auf einmal übernimmt, neigt er zu Hektik und unüberlegtem Handeln. Aufgrund seines hohen Temperaments ist er oft ungeduldig, trifft vorschnelle Entscheidungen und reagiert unbesonnen.

Der Analytiker

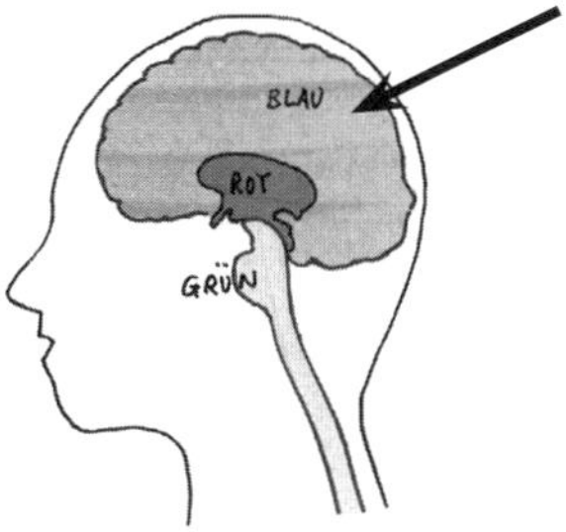

Stärken: Analytischer und objektiver als die anderen beiden Charaktere geht der Analytiker vor. Er arbeitet strukturiert und diszipliniert und konzentriert sich stets auf die wichtigen Details. Dabei teilt er sich seine Zeit präzise ein, prüft Möglichkeiten und Konsequenzen und ist überdies stets kritikfähig. Für sein geplantes und geduldiges Vorgehen wird er allerseits geschätzt.

Ideales Umfeld: Der Analytiker schätzt eine detaillierte Stellenbeschreibung und einen strukturierten Ablauf von Arbeitsvorgängen. Es kommt ihm sehr entgegen, wenn er genügend Zeit hat, seine Aufgaben zu erledigen. Wird er auf Veränderungen rechtzeitig vorbereitet und erhält von Zeit zu Zeit eine Bestätigung für seine Arbeit, ist der Analytiker ein zuverlässiger, effektiver Arbeiter, der mit sachlicher Kritik und ebensolchen Diskussionen gut umgehen kann.

Schwächen: Aus Angst, persönliche Fehler zu machen, prüft der Analytiker stets alle Alternativen und Risiken, er denkt vorsichtig und neigt zu Perfektionismus. Es fehlt ihm der Mut, einmal neue Dinge auszuprobieren, er ist sehr zögerlich und hält sich lieber genau an die Vorschriften. Bei persönlichen Gesprächen zieht er sich gern auch zurück.

1
2
3
30

Kapitel 3
Wonach sich Manager, Führungskräfte und Vielbeschäftigte sehnen

»Zeit kann man nirgendwo mieten, kaufen oder anderweitig besorgen. Das Angebot an Zeit ist völlig unelastisch.«

Peter F. Drucker

Eine Art Kostbarkeit

Wir alle spielen Rollen. Als Manager oder Führungskraft begegnen Sie Ihren Mitarbeitern anders als Ihrer Partnerin und Ihrer Partnerin anders als Ihrem Kind. Sowohl Denkfokus als auch Wortwahl ändern sich je nach Situation. Sie aktivieren in Ihrem Gehirn unterschiedliche Regionen, wenn Sie während eines Meetings eine Produktpräsentation halten. Dann glüht Ihre linke Gehirnhälfte, dort, wo Wissen, Sprache, Logik sitzen. Mit Leichtigkeit suchen Sie nach stichhaltigen Argumenten für dieses Produkt, beschreiben es in seiner Qualität und stellen eine Kosten-Nutzen-Kalkulation dar. Sie leisten Überzeugungsarbeit als Experte. Wie anders wirken Sie auf dem Teppich im Kinderzimmer. Dort gehen Sie in die Knie, auf Augenhöhe mit dem vierjährigen Sohn, um Türme aus Holzklötzen zu bauen. Dabei lassen Sie sich ein auf diese kindliche Fantasiewelt, in der Sprache noch anders klingt und in der Ideen wahr werden können. Ihr Lächeln wirkt verträumt, die Worte sprudeln vor sich hin, völlig unreflektiert und frei. Mit diesem Schwung landen Sie in der rechten Gehirnhälfte, im Zentrum für Kreativität.

Das sind zwei unterschiedliche Szenen. In beiden fühlen Sie sich wohl, als Manager und Vater zum Beispiel. Sie werden in Ihrer jeweiligen Rolle respektiert und vielleicht haben Sie sich einmal gefragt: Wie kann das möglich sein? Wieso lassen Sie sich als Macher auf eine Fantasiereise in die Zukunft ein? Wieso genießen Sie als sachlich denkender Analytiker einen romantischen Abend oder können als Geselliger ein Verhandlungsgespräch entlang der Faktenliste führen?

Die Antwort darauf fanden Wissenschaftler erst vor wenigen Jahren heraus. Mehr zufällig als gewollt stießen sie auf ein Phänomen, das eine Gabe beschreibt, die manchen Tieren und allen Menschen zu eigen ist. Dieses Phänomen lässt uns kommunikativ und empathisch sein, es spiegelt Sympathie für den anderen und ein Verständnis für sein Verlangen. Sicherlich haben Sie schon einmal beobachtet, dass Sie während eines Meetings gähnen, weil

Ihr Nachbar gähnt. Vielleicht haben Sie bemerkt, dass Sie in einem Gespräch mit Ihrem Vorgesetzten automatisch dessen Sitzposition einnehmen: Wenn er die Beine übereinanderschlägt, tun Sie das ebenfalls, wenn er sein Kinn in der Hand stützt, bewegen auch Sie die Hand zu Ihrem Kinn. Das alles zeigt unbewusst: Ich bin aufmerksam und ganz bei dir und deinem Thema. Wissenschaftler machen dafür die Spiegelneuronen in unserem Gehirn verantwortlich: »Spiegelneuronen sind ein Resonanzsystem im Gehirn, das Gefühle und Stimmungen anderer Menschen beim Empfänger zum Erklingen bringt. Das Einmalige an den Nervenzellen ist, dass sie bereits Signale aussenden, wenn jemand eine Handlung nur beobachtet. Die Nervenzellen reagieren genau so, als ob man das Gesehene selbst ausgeführt hätte. Am besten ist ein Vergleich aus der Musik: Wenn wir eine Gitarrensaite zupfen, bringen wir die anderen Saiten des Instruments auch zum Schwingen, wir erzeugen eine Resonanz. Mitgefühl, Freude, aber auch Schmerzen zu empfinden, sind auf diese Weise erst möglich« (Kaufmann 2014, http://www.planet-wissen.de/natur/forschung/spiegelneuronen/).

Das Fachwort für diese Art der Kommunikation lautet Rapport (aus dem Französischen: Beziehung, Verbindung): Mit dem Grad der Sympathie steigt der Grad der Spiegelung. Daran ändert selbst eine räumliche Distanz nichts und alle Versuche, eine solche Sympathie zu vertuschen, wird nicht funktionieren.

Sichtbare Wahrheiten

Ich erinnere mich mit einem Lächeln an eine Seminarsituation. Meinen Teilnehmern und mir fiel bereits zu Beginn auf, dass ein Mann und eine Frau, die als Kollegen aus derselben Firma kamen, scheinbar über die gesamte Breite des Raumes wie synchronisiert wirkten. Sie saßen möglichst weit voneinander entfernt, versuchten gar den Blickkontakt zu vermeiden. Und doch fiel auf: Ihre Körperhaltung war gleich, ihre Gesten schienen wie abgesprochen. Es war offensichtlich: Die beiden standen sich nah. Was sie akribisch zu verstecken suchten, wurde schon nach kurzer Zeit durch den Rapport sichtbar. Spiegelneuronen lügen nicht, sondern sie sind immer ein Indiz für Wahrheit.

Die Macht der Empathie

Dieses Entdecken der Spiegelneuronen geschah 1992. Ein Forscherteam um Giacomo Rizzolatti der Universität Parma suchte ursprünglich nach einem Plan im Gehirn, der Handlungsimpulse beschreibt. Die Forscher fragten sich: Wie laufen die Prozesse ab, bevor wir handeln? Übertragen auf das Management bedeutet das in etwa: Was geschieht im Gehirn, wenn wir Ziele definieren und verfolgen? Um Antworten zu finden, wählten die Forscher einen Makak aus, den sie mit Elektroden am Kopf versahen. Sie stellten den Makak in einen Raum und hielten ihm eine Nuss vor die Nase. Wie erwartet freute er sich, griff nach der Nuss und knackte die genüsslich. Die Forscher registrierten die dadurch aktivierten Nervenzellen im Gehirn. Sie wiederholten den Test, Gleiches geschah. Es mag eine plötzlich Eingebung eines Forschers aus dem Team gewesen sein, irgendwann selbst nach der Nuss zu greifen. Der Makak verfolgte die Bewegung. Er sah wie der Wissenschaftler die Nuss nahm und aß – und dann geschah das Überraschende: Im Affenhirn leuchteten dieselben Nervenzellen auf, genauso als hätte er selbst die Nuss zwischen den Zähnen! Allein die Beobachtung reichte aus, um exakt das Gleiche zu empfinden wie der Forscher, nämlich das Genießen der Nuss. »Endlich gab es eine wissenschaftliche Erklärung für Phänomene wie soziales Verhalten und Mitgefühl, die lange Zeit von Naturwissenschaftlern nur belächelt worden waren.« (Kaufmann 2014, http://www.planet-wissen.de/natur/forschung/spiegelneuronen).

Heute, nur 20 Jahre später, nutzen wir diese zufällige Entdeckung für die gesamte Kommunikation im Management. Empathie ist seither ein Baustein der Kommunikation. Oftmals hängt der Erfolg im

Job sogar von dieser Fähigkeit ab, sich in die Befindlichkeiten des anderen hineinzuversetzen. Ein Begegnen auf Augenhöhe bedeutet eben nicht, den Stuhl nach oben zu drehen, bis sich die Blicke treffen – wie im Film »Der große Diktator«. Es bedeutet vielmehr, sich mit einer Offenheit und einem Wohlwollen zu begegnen, bereit, den anderen zu akzeptieren und mit ihm zu fühlen. Das äußern wir zumeist unbewusst durch das Spiegeln der Körperhaltung.

Zu 55 Prozent wirken wir über die Körpersprache: »Was wir sind, sind wir durch unseren Körper. Der Körper ist der Handschuh der Seele, seine Sprache das Wort des Herzens«, sagt der Pantomime und Dozent Samy Molcho (http://gutezitate.com/autor/samy-molcho). Das ist zum Teil sogar trainierbar: Augenkontakt, aktives Zuhören, Kopieren der Gesten sind durchaus Module in einer wertschätzenden Kommunikation. Manager lernen sie wie das Erstellen eines Quick-Checks zur Reduzierung von Risiken. Aber Achtung: Auch Ihr Gegenüber aktiviert die Spiegelneuronen und er wird schnell entlarven, wenn aus guter Absicht ein Theater wird. Wenn Sie versuchen, ruhig und sachlich zu argumentieren und in Ihrem Inneren ein Sturm der Aggressivität tobt, dann entsteht eine Disharmonie zwischen Ihren Äußerungen und Ihren Gefühlen – und das wird Ihren Gesprächspartner irritieren. Er wird Ihre Worte verstehen, aber nicht gänzlich begreifen. Er wird ein kleines Signal der Vorsicht spüren: »Achtung, da spricht einer, der nicht authentisch ist.« Im Management passiert das durchaus häufiger. Es geschieht immer dann, wenn jemand versucht, an seinem Image zu basteln und dabei seine Temperamente verbiegt.

Der Lack an der Oberfläche

Vielleicht kennen Sie die folgende Situation: Sie unterhalten sich mit einem Kollegen aus dem Bereich Controlling über die Budgetaufteilung der nächsten sechs Monate. Die brauchen Sie dringend für Ihre Kampagne. Sie haben sich auf dieses Gespräch vorbereitet, Ihre Argumente gut begründet. Denn Sie wissen, dass Ihr Kollege genau das erwartet.

Nach dem Structogram haben Sie ihn als Analytiker erkannt. Er denkt in Fakten, er handelt besonnen. In der Mittagspause sitzt er oft allein am Tisch und nimmt selten an Treffen außerhalb des Unternehmens teil. Man könnte denken, er sei ein Außenseiter, aber über die Jahre ist eine Akzeptanz entstanden: Man lässt ihn in Ruhe, beschränkt sich auf Berufliches und sucht darüber hinaus keinen Kontakt.
So beginnen Sie leise und vorsichtig mit Ihrem Plädoyer für ein höheres Budget. Während Sie Ihre Fakten vortragen, spüren Sie zunehmend Verunsicherung bei Ihnen, denn der Kollege, ansonsten von vornehmer Zurückhaltung, stiert sie an. Er hängt an ihren Lippen, fixiert den Blick, zuckt nicht mit der Wimper. Anfangs interpretieren Sie diesen Tigerblick als konzentrierte Aufmerksamkeit, aber nach wenigen Minuten beginnen Sie zu stocken – und doch wollen Sie eine gute Atmosphäre etablieren. Angebracht, so denken Sie, wäre das Spiegeln seiner Körperhaltung, um Sympathie zu äußern. Aber zurückstarren wollen Sie nicht.
Also sehen Sie knapp am Kollegen vorbei. Am Ende Ihrer Rede angelangt suchen Sie wieder den Blickkontakt, um Zustimmung oder Zweifel in den Augen des Kollegen zu erkennen, aber dieser starrt immer noch. Eine Pause entsteht und Sie denken sich: Typisch für einen Analytiker, der muss erst einmal weiterdenken, der braucht Zeit, bevor er seine Entscheidung fällt.
Gerade wollen Sie sich verabschieden, mit dem Versprechen, übermorgen noch einmal auf das Thema zurückzukommen. Da räuspert sich der Kollege. Also bleiben Sie sitzen und schweigen weiter: Jetzt nur nicht drängeln.
Plötzlich beginnt Ihr Kollege laut zu reden, heftig und ausladend mit den Armen zu fuchteln. Er sagt scheinbar euphorisch: »Das klingt doch alles ganz prima! Wann haben Sie sich das denn überlegt?« Das ist sonst nicht seine Art, wundern Sie sich. Und während Ihr Kollege Ihnen gestenreich zu nahe kommt, Ihre persönliche Kontrollzone durchbricht, weichen Sie diesem unerwarteten Überschwang aus. Darauf endet das Gespräch abrupt und ohne Ergebnis. Der Kollege ist eingeschnappt aufgrund Ihrer abweisenden Reaktion und Sie haben seine Zusage auf Budgeterhöhung nicht erhalten.

Lange überlegen Sie an Ihrem Schreibtisch, warum dieses Gespräch so schieflief und langsam ahnen Sie: Der Kollege war nicht authentisch. Richtig. Er versuchte aktiv aus sich herauszugehen. Mehr Blickkontakt zu halten und offensiv zu reagieren. Vielleicht hat sein Chef sein isoliertes Verhalten in der Firma kritisiert und ihm geraten, sich etwas lebendiger zu zeigen. Was auch immer diesen erdachten Imagewandel angeschoben haben mag, es lief seinem Temperament konträr entgegen.

Image ist nicht wandelbar. Sie können es schärfen, indem Sie Ihr Temperament betonen, und Sie können bis zu einem kleinen Grad sogar mit anderen Merkmalen liebäugeln. Aber wandeln können Sie es nicht. Auch wenn Menschen das zuweilen um der Karriere willen versuchen.

Dieses Ansinnen ist bei Prominenten ein weitverbreitetes Phänomen. Sie geben sich in Interviews herzlich und aufgeschlossen, wenn sie glauben, das Publikum erwarte das. Besonders auf publicitytauglichen Charityveranstaltungen verdrücken sie vor laufender Kamera gern eine Träne. Das aber wirkt lediglich weichgespült, wenn dieser Prominente ein Macher ist. Dann erhält die Glaubwürdigkeit einen kleinen Riss. Denn ein Macher *kämpft* um die Spenden, er *überzeugt* durch eine flammende Rede, einen Aufruf im Hier und Jetzt. Das entspricht seinem Zeittakt und damit seiner Persönlichkeit. Umgekehrt wirkt eine kämpferische Politikerrede wie ein Possenstück, wenn eine Frau mit geselligem Temperament versucht, sich über ihre Gegner lautstark zu empören und mit der Faust aufs Pult zu schlagen: »Ich werde mit aller Kraft gegen diese Ungerechtigkeit vorgehen«, sendet sie mit leiser Stimme in den Saal. Sie tippelt dabei von einem auf das andere Bein. Alles an ihr drückt aus: »Ich will keinen Streit, ich will Wertschätzung und vor allem Harmonie. Lassen Sie uns in Ruhe darüber reden. Gehen wir bei einer Tasse Kaffee und Kuchen zurück zum Ursprung des Konflikts. Alles lässt sich lösen, wenn wir guten Mutes sind und es gemeinsam anpacken.« In beiden Fällen drückt die Körpersprache

Gegenteiliges aus als die Worte – es knirscht zwischen antrainierten Merkmalen und geerbtem Temperament.

Die Suche nach dem Ego

Schauen Sie noch einmal die Profile im Business zu den Stärken und Schwächen der Persönlichkeiten an (s. S. 51): Diese erste Einschätzung führt Sie Ihrem persönlichen Zeittakt nahe. Sie sind umso authentischer, je mehr Sie Ihr Temperament in der Vergangenheit als Geselliger, in der Gegenwart als Macher oder in der Zukunft als Analytiker als Geschenk begreifen. Ich weiß, dass viele Manager glauben, sie müssten mit den Attitüden eines Machers wirken oder die Distanz eines Analytikers pflegen. Ich weiß, dass sich Führungskräfte oftmals eine Gastgeberrolle antrainieren, wenn es um das Etablieren von Vertrauen und um das Stärken von Beziehungen geht. Das alles wird in Studium und Fortbildung gelehrt – es ist darüber hinaus ein Teil vieler Kommunikationstrainings. Führungskräfte, so lautet ein allgemeines Vorurteil, machen umso steiler Karriere, je eloquenter sie sind. »Schleifen Sie an Ihrem Auftreten. Schärfen Sie Ihr Image. Verpassen Sie sich den Ruf eines durchsetzungsstarken Karrieristen«, lauten dann die Ratschläge. Ich will dem entgegentreten und behaupten: Solch ein gestricktes Image mag für den ersten Eindruck genügen, aber bereits im zweiten erscheint es löchrig und hinterlässt eine Irritation.

Persönlichkeit lässt sich nur bedingt verändern. Sie lässt sich nicht nach Lehrbuch formen und schon gar nicht in ein Tätigkeitsprofil pressen. Im Gegenteil. Wer das versucht, der verlässt seine eigene Mitte, der arbeitet täglich gegen sein Potenzial, der deckelt seine Möglichkeiten. Was aber passiert dann? Es entsteht Druck, der sein Ventil in physischen und psychischen Krankheiten findet: Zunächst reagiert das Bauchhirn, denn im Bauch sitzt die Intuition. Unser Darm ist mit mehr als 200 Millionen Nervenzellen ausgestattet, die auf eine sehr sensible Weise reagieren. Bevor unser Gehirn ein Problem erahnt, hat der Darm reagiert und grummelt vor sich hin. Im Gehirn aber will die Vernunft das antrainierte Image erhalten und schon stimmt die Linie zwischen Bauch und Gehirn nicht mehr, sie verrutscht aus der Mitte. Damit setzt ein, was viele befürchten: Stress. Dieser Stress äußert sich bei den Machern in einer gereizten Stimmung am Tag und zeigt sich mit Herzrhythmusstörungen, bei den Analytikern in nächtlichen Gedankenschleifen oder bei den Geselligen an Stoffwechsel- und Verdauungsstörungen. Statt einer Harmonie zwischen Kopf und Bauch klingen nur noch fremdbestimmte Programme. Das bewirkt zweierlei: Einmal eine tiefsitzende Traurigkeit, weil die Ahnung vom zugeschütteten Potenzial niemals stirbt. Und zum anderen die unstimmige Selbst- und Fremdwahrnehmung.

Wie angenehm wirken hingegen authentische Menschen. Wir sehen es täglich bei den großen Moderatoren im Fernsehen, die Wissensshows und Talkrunden präsentieren. Fast alle Showmoderatoren sind Macher. Sie versuchen gar nicht erst, sich das Image eines gemütlichen Geselligen zu geben. Sie sind mit einer enormen Geschwindigkeit unterwegs und um der Karriere willen würden die meisten selbst um Mitternacht aus dem Bett springen und ein Statement zu ihrem Thema geben. Ein solcher Moderator spricht schon, während er denkt, und unter Druck läuft er zur Höchstform auf. Seine Stärke ist die Improvisation und die Schlagfertigkeit. Hätte er sich je verstellt, hätte er sich je hinreißen lassen, um der Quote oder eines künstlichen Images willen ein ruhiges und gemütliches Temperament zu spielen, er wäre im Mittelmaß steckengeblieben. Hingegen ticken die Moderatoren intellektueller Talkrunden langsamer, bedächtiger. Sie denken, bevor sie sprechen. Diese sind eher Analytiker und schöpfen aus diesem Potenzial wie ein Höchstleistungssportler. Sie kennen ihre gedrosselte Geschwindigkeit und auch die Stärke, die sich darin verbirgt. Dass sie zudem über gesellige Anteile verfügen, zeigen sie durch Tupfer an Humor und an Mitgefühl für ihre Talkkandidaten.

Image ist nicht, was andere erwarten. Image entwächst dem Temperament, das Menschen in sich tragen. Und doch ist die Verführung groß, sich im Streben nach Erfolg ein fremdes Muster anzueignen. Mein Rat lautet hier: Bleiben Sie authentisch!

Keine Karriere ohne Zeitplan

Eines der ersten Authentizitätsmerkmale ist das Handeln nach dem eigenen Zeittakt.

Zeittakt der Macher: Wenn ein Macher sich nach Tempo sehnt, nach Ergebnissen in Echtzeit, dann sollte er sich Instrumente der Zeitplanung suchen, die diese Sehnsucht erfüllen. Das bedeutet konkret: Tagesplanung mit Zeitfenstern für spontane Handlungen. Er will keine Pausen, sondern Termine und die bitte kurzfristig. Ein Macher ist erst zufrieden, wenn seine Termine sich wie eine Perlenkette aufschnüren, ohne Lücken und Pausen sich zusammenfügen zu einem Leistungsbeweis.

Zeittakt der Analytiker: Wenn ein Analytiker erkennt, dass er lange Zeitstrecken benötigt, um seine Aufgaben perfekt zu lösen, dann sollte er in Wochen und Monaten planen und doch seine tägliche Denkpause von mindestens 20 Minuten berücksichtigen, die er täglich zur Entspannung sucht.

Zeittakt der Geselligen: Und wenn ein Geselliger jegliche Termine als Druck empfindet und sich in ihm alles sträubt, diesen Druck in einem Terminplan zu verfestigen, dann darf er zu Post-its greifen und damit den Computerrand schmücken.

Es geht also nicht um die Frage, ob ein Zeitmanagement sinnvoll ist. Natürlich ist es das! Es geht lediglich um den Aspekt, in welchem Takt Ihr persönliches Zeitmanagement erfolgen sollte, damit Sie Ihre Stärken betonen können und sich authentisch zeigen. Ob Sie sich dabei für die digitale Cloud über Ihnen, die Exceltabelle im Computer oder die To-do-Liste im Notizheft entscheiden, das ist für mich eine Sache der persönlichen Prägung und Vorliebe – und nie eine Sache von Trends. Generell bin ich eine Verfechterin der Methodenbreite.

Egal ob digital, analog oder hybrid – Sie benötigen ein persönliches Zeitplaninstrument. Denn ein Agieren in den Tag hinein, einzig geleitet von kreativen Einfällen, wäre der Karrierekiller Nummer eins und zudem ein Treiber der Unzufriedenheit. Das Gehirn verlangt nach Ordnung, nach Logik, nach Sortieren von Wissen und Einschätzen von Gefühlen. Es verlangt nach einer geplanten Bewegung durch Raum und Zeit, auch das ist ein Kriterium für Intelligenz. Und hier komme ich zurück zur Frage: Wonach sehnen sich Manager? Sie sehnen sich immer nach dem nächsten Schritt auf der Karriereleiter, nach einem Erfolg, der sie beflügelt. Der soll leicht sein, der soll Freude machen und zu ihnen passen wie ein Maßanzug. Dieser Erfolg ist abhängig von drei Komponenten:

- Planung
- Wahl der Instrumente
- Rhythmus, mit dem man sich auf der Linie zum Ziel bewegt

Auf den Punkt gebracht: Sie müssen wissen, wie Ihr persönlicher Zeittakt schlägt, um die richtigen Instrumente für Ihre Planung zu finden. Dazu erhalten Sie am Ende dieses Kapitels einen Test. Ich habe ihn auf der Grundlage des Structograms entwickelt. Die Einsichten, die Sie aus dieser persönlichen Zeitanalyse gewinnen werden, gelten nicht nur für Ihren Beruf, sondern für alle Bereiche Ihres Alltags. Ihre Zufriedenheit erschöpft sich eben nicht nur im Business-Erfolg. Wahre Zufriedenheit erlangen Sie, wenn Sie beruflich und privat in der Balance sind. So bitte ich Sie, sich für einen Moment auf die folgenden Bereiche zu konzentrieren:

- Beruf und Karriere
- Familie und Partnerschaft
- Gesundheit und Sport
- Hobby und Freizeit

Möglicherweise geben Sie Beruf und Karriere die größte Bedeutung, vernachlässigen die Gesundheit, sehen Ihre Familie nur wenig, sagen Treffen mit Freunden häufig ab. Vielleicht regt sich ab und zu das schlechte Gewissen, aber das wischen Sie mit dem Gedanken an die Karriere kurzerhand zur Seite. Das ist weder gesund noch befriedigend. Auf Dauer beeinträchtigt es sogar Ihre Karriere. Der Mensch ist nun mal ein soziales Wesen, das nach Beziehungen, gar nach Liebe strebt. Er fühlt sich schlecht, wenn er einsam ist, und wertlos, wenn er erfolglos bleibt. Diesen gordischen Knoten können Sie durchschlagen, indem Sie sich monatlich 15 Minuten Zeit nehmen und sich mit dem Modell der Balance beschäftigen. Fragen Sie sich: Erfülle ich alle Aufgaben und Termine in den vier Quadranten ausgewogen? Denke ich auch an mein Ego und finde Zeit für mich?

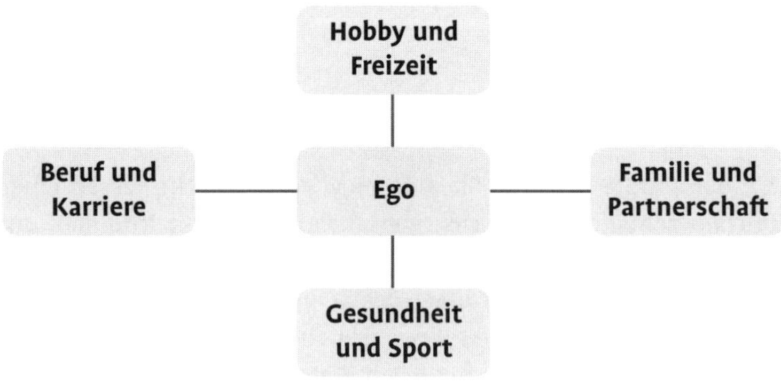

Das Modell der Balance © Dr. Eva Brandt

Wir verfügen über einen hohen Grad an Selbsteinschätzung. Ich bin immer wieder verblüfft, wie klar es vielen Menschen gelingt, nach einer kurzen Zeit der Reflexion genau diesen Bereich zu benennen, den sie vernachlässigen. Sie sagen nicht: »Alles in Ordnung.« Sondern: »Wenn es mir nicht gelingt, meiner Familie mehr Aufmerksamkeit zu schenken, habe ich dort ein Problem: Dann fühlt sich meine Frau alleingelassen mit den schlechten Schulleistungen des Sohnes. Sie wird mir Vorwürfe machen und enttäuscht sein. Mich werden Gewissensbisse plagen, die meine Konzentration im Job beeinflussen.« Oder: »Wenn ich weiterhin 80 Stunden in der Woche arbeite und mich über Niederlagen derart aufrege, lande ich bald mit einem Herzinfarkt in der Klinik.« Ausgesprochen klingen diese Sätze wie eine Mahnung im Raum.

Wenn Sie das ebenfalls feststellen, dann ändern Sie die Situation. Beginnen Sie sofort. Reservieren Sie zum Beispiel täglich eine halbe Stunde Zeit für ein intensives Gespräch mit Ihrem Partner oder beschäftigen Sie sich in dieser halben Stunde mit den Hausaufgaben Ihres Sohnes. Oder Sie reduzieren Ihre Arbeitszeit täglich um eine halbe Stunde – und tun einfach nichts. Oder Sie gehen spazieren und genießen die Natur. Oder Sie liegen auf dem Sofa und starren gedankenlos an die Decke. Oder Sie greifen zu den Kopfhörern und tauchen in Ihre Musikwelt ein. Was immer Sie entscheiden werden, um Ihre Lebensbereiche in Balance zu bringen, es wird richtig sein. Wichtig ist nur, dass Sie es tun und zwar aus zwei Gründen: Erstens um Ihre Zufriedenheit zu finden und zweitens um Ihren Erfolg nicht zu gefährden. Das Nachdenken über die eigene Balance hat zudem einen wertvollen Zusatzeffekt: Sie werden achtsamer. Sie lassen sich nicht mehr dazu hinreißen, sich nach dem Zeittakt anderer Menschen zu richten. Das ist übrigens im Team oft ein Problem.

Ein Team ist die Summe seiner Takte

Die meisten Menschen stolpern im Beruf, weil Sie sich auf den Rhythmus der anderen einlassen. Der Abteilungsleiter nimmt

Rücksicht auf sein Team und die Teammitglieder hindern sich untereinander, weil sie sich Termine und Ziele setzen, die nicht jeden mitnehmen, sondern manche ausgrenzen. Dann entsteht ein schleichender Unmut und spätestens hier werden erste Beschwerden laut. In der Summe dieser Beschwerden scheint nur der Abteilungsleiter einen Ausweg zu sehen, um das Projekt doch noch zum Erfolg zu bringen: Er greift selbst ins operative Geschäft ein. Das aber ist nicht im Sinne eines klugen Empowerments, da die Potenziale der Mitarbeiter auf diese Weise auf Dauer verkümmern. Denn: Nicht Selbstgestaltung der Einzelnen, nicht Stärkung der Stärken stehen hier im Mittelpunkt, sondern nur die Hoffnung nach alter Manier: »Der Chef wird es schon richten.« Ein bequemer Ansatz – und dazu ein altmodischer! In der Konsequenz nämlich geht bei den Mitarbeitern das Gefühl für den persönlichen Zeitrhythmus verloren und auch der Abteilungsleiter wird am Ende nicht mehr wissen, wie er die Fülle seiner Aufgaben sortieren kann.

In einem Team sollte jedes Mitglied seinen eigenen Zeittakt leben dürfen. Dazu zählt das gegenseitige Vertrauen, dass jeder seine Aufgaben erfüllen wird – ohne kleinteilig angeordnete Zeitvorgaben. Das ist für mich die beste Performance, die ein Vorgesetzter seinem Team einräumen kann. Das ist für mich eine besondere Art des Vertrauens, denn auf dieser Ebene dürfen Menschen sich selbst begegnen, sie dürfen ihrem eigenen Ich begegnen. Nichts ist förderlicher für die Effizienz in Unternehmen. »Die höchste Form der menschlichen Motivation ist Vertrauen. Es fördert das Beste im Menschen. Aber es braucht Zeit und Geduld und es beinhaltet meist die Notwendigkeit, Menschen zu schulen und so zu entwickeln, dass sie tatsächlich so kompetent werden, wie es dieser Ebene von Vertrauen entspricht«, schrieb Stephen Covey in seinem Bestseller »Die 7 Wege zur Effektivität« (2005, S. 209).

Daher möchte ich Sie dazu ermuntern, sich selbst und Ihre Teammitglieder als Zeittypen zu erkennen – um dann gemeinsam erfolgreich zu sein. Die folgende Zeitstrukturanalyse wird Ihnen dabei helfen.

Zeitstrukturanalyse

Bitte tragen Sie hinter die Aussage die entsprechende Zahl ein:
von 0 (trifft überhaupt nicht zu) über 1 und 2 bis 3 (trifft absolut zu).
In die rechte Spalte bitte die entsprechende Zahl eintragen.

1.	Ich liebe den Laissez-faire-Stil.	
2.	Ich versuche mehrere Aufgaben gleichzeitig zu bewältigen.	
3.	Ich beschäftige mich häufig zu lange damit, die beste Struktur zu finden.	
4.	Ich schade mir manchmal selbst, weil ich nicht nach bestimmten Regeln oder Abläufen handle.	
5.	Ich lasse mich ungern durch unnötige Zeitplanung in meinem Alltag blockieren.	
6.	Ich verwende zu viel Zeit mit Detailarbeit.	
7.	Ich lasse mich von Kollegen und unwichtigen Telefonaten ablenken.	
8.	Ich bin spontan.	
9.	Ich bin sehr gut in der Zeitplanung, wenn keine unvorhergesehenen Ereignisse meine Planung stören.	
10.	Ich lasse mich von nicht terminierten Besuchern unterbrechen.	
11.	Ich bestimme den Zeitrhythmus.	
12.	Ich bin sehr gut in meiner Zeitplanung, wenn sich alle an die Abläufe halten.	
13.	Ich nehme an Meetings teil, die für mich und meine Tätigkeit nicht wirklich relevant sind.	
14.	Ich arbeite, wenn es sein muss, die ganze Nacht durch, der Tag hat schließlich 24 Stunden.	

15. Ich sammle alle Unterlagen und Arbeitsmaterialien auf meinem Schreibtisch.	
16. Ich kann auch mal die Zeit komplett vergessen.	
17. Ich bin inkonsequent, es fällt mir nicht leicht, diszipliniert an einer Tätigkeit dranzubleiben.	
18. Ich druck mir auch E-Mails aus, um sie entsprechend abzulegen.	
19. Ich schiebe unbequeme und wichtige Aufgaben zeitlich vor mir her.	
20. Ich versuche alles selbst und auf einmal zu tun.	
21. Ich delegiere ungern, da ich nicht sicher sein kann, dass die Aufgabe auch perfekt wird.	
22. Ich habe Hemmungen »Nein« zu sagen.	
23. Ich habe oft zu wenige Informationen durch Hast oder Ungeduld.	
24. Ich nehme wahr, dass ich zu wenig Kommunikation mit Kollegen, Lieferanten und Mitarbeitern pflege.	
25. Ich produziere häufiger für andere Wartezeiten, weil ich unpünktlich zu Besprechungen erscheine.	
26. Ich habe Chaos auf dem Schreibtisch.	
27. Ich sammle so viele Informationen wie möglich.	
28. Ich habe zu viele Suchzeiten wegen meiner unstrukturierten Ablage (Hard- und/oder Software).	
29. Ich habe zu viel Arbeit mit Routinepapierkram oder E-Mail-Posteingang.	
30. Ich möchte häufig alle Fakten ganz genau wissen.	
31. Ich führe zu viele private Schwätzchen (auch am Telefon).	

32.	Ich habe keine geeignete Struktur zur Aufgabenbewältigung.	
33.	Ich schiebe den Abschluss einer Aufgabe vor mir her, da ich unsicher bin, ob ich auch alle Infos habe.	
34.	Ich führe zu viel Kommunikation und zu viele Aktennotizen.	
35.	Ich höre nicht aktiv zu.	
36.	Ich will alles genau wissen. Gut informiert zu sein ist mir wichtig.	
37.	Ich bin häufig unentschlossen.	
38.	Ich beachte häufig meinen individuellen Tagesrhythmus zu wenig.	
39.	Ich beschäftige mich zu viel mit Computerproblemen.	
40.	Ich mache mir manchmal keine klare Vorstellung über die zu erledigende Aufgabe.	
41.	Ich kann am besten unter Druck arbeiten. Dann erbringe ich super Leistungen.	
42.	Ich arbeite detailgenau.	

Bitte übertragen Sie alle Zahlen in die folgende Tabelle. Nun können Sie die Gesamtsumme errechnen.

01. ______	02. ______	03. ______
04. ______	05. ______	06. ______
07. ______	08. ______	09. ______
10. ______	11. ______	12. ______
13. ______	14. ______	15. ______
16. ______	17. ______	18. ______
19. ______	20. ______	21. ______
22. ______	23. ______	24. ______
25. ______	26. ______	27. ______
28. ______	29. ______	30. ______
31. ______	32. ______	33. ______
34. ______	35. ______	36. ______
37. ______	38. ______	39. ______
40. ______	41. ______	42. ______
Summe total: ______	Summe total: ______	Summe total: ______
Vergangenheits-orientierung	**Gegenwarts-orientierung**	**Zukunfts-orientierung**

Bitte tragen Sie nun die jeweilige Summe Ihrer Zeitorientierungen in das folgende Säulendiagramm ein.

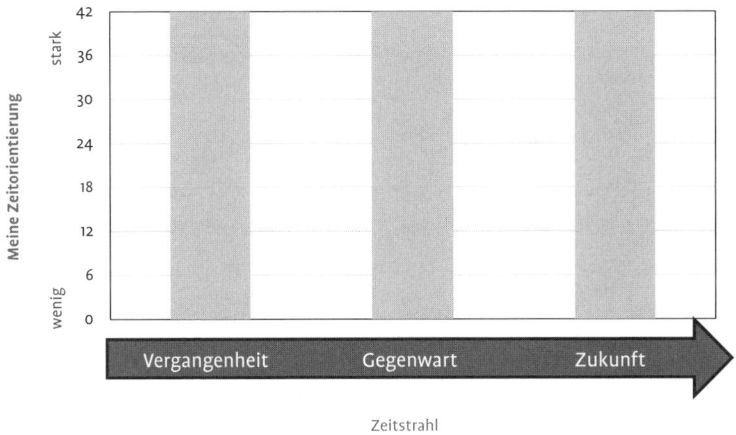

Die Zeitorientierung, die die höchste Summe zeigt, hat für Sie im Sinne der Zeitmanagementwerkzeuge die höchste Relevanz und zeigt auf, in welchem Zeitbezug Sie bevorzugt Entscheidungen treffen, denken und handeln.

Literatur und Internetlinks

Covey, Stephen R.: Die 7 Wege zur Effektivität. Offenbach: Gabal, 29. Auflage 2014

Kaufmann, Sabine: http://www.planet-wissen.de/natur/forschung/spiegelneuronen/ 07.11.2014 [13.09.2016]

Molcho, Samy: http://gutezitate.com/autor/samy-molcho

Kapitel 4
Die Zugabe im Lebensgepäck: Das Talent

»Leistung ist Talent plus Ausbildung.«

Malcom Gladwell

Jenseits von Standards

Management besteht zu einem hohen Grad aus Methoden, die sich in zahlreichen Fachbüchern wiederfinden. Die Autoren beschreiben, wie ein Unternehmen funktionieren, bestehen und wachsen kann. Ob Zeit- oder Finanzplanung, Mitarbeiterführung, Kommunikation, ob Steuer oder Recht – es gibt wohlerprobte Standards durch alle Branchen hindurch. Wer diese klug und zum richtigen Zeitpunkt anwendet, wird erfolgreich sein. Mag man denken. Stimmt – wenn Sie sich mit dem Mittelmaß zufriedengeben. Wollen Sie aber über diesen Punkt hinausragen, werden Sie zwei weitere Aspekte beachten müssen: Ihr Talent und Ihren Fleiß.

Haben Sie sich einmal gefragt, warum Menschen bei gleichem Aufwand unterschiedliche Qualitäten im Ergebnis erreichen? Ein Ingenieur, der wochenlang an einer Technik tüftelt, kann mit dem Ergebnis die Welt verändern. Ein anderer liefert nichts Neues. Ein Designer in der Automobilindustrie kann einen Prototyp entwerfen, dessen Linien und Formen eine neue Ära einleiten. Ein anderer präsentiert lediglich kosmetische Korrekturen. Ein Sportler läuft Weltrekord, ein anderer bleibt bei gleicher Trainingsintensität weit zurück. Es kann sein, dass ein Redner eine ganze Halle mit Tausend Zuhörern in den Bann zieht, ein anderer mit exakt den gleichen Worten nur einen schwachen Applaus hervorlockt. Gibt es für solche unterschiedliche Leistungen eine Erklärung? Die Antwort lautet: Ja. Der eine Mensch hat hierfür Talent, der andere nicht.

Ohne Talent bewegt sich selbst der Fleißigste nur knapp über dem Durchschnitt. Egal wie viel Anstrengung er aufwendet, er wird niemals in der ersten Liga spielen. Und umgekehrt gilt: Ein Talent ohne Fleiß ist wie ein Rohdiamant. Ohne Disziplin bleiben Talente stumpf. Ohne Fleiß und Disziplin wären keine herausragenden Leistungen in Musik, Literatur, Naturwissenschaft, Handwerk, Lehre oder im Unternehmertum denkbar.

Nur wenn beides, Talent und Fleiß, sich zu einem einzigen Stoff verweben, dann kann Großartiges entstehen. Das lehren uns beeindruckende Geschichten von Menschen, die sich mit Sturheit, mit Biss und einem tiefen Wissen um das eigene Talent ihren Weg durchs Leben bahnten. Für sie gab es keine Hindernisse. Stolpern war ihnen ein Antrieb und Kritik haben sie weggewischt wie Flusen auf der Jacke. Ich habe in mehr als 10 000 Beraterstunden erfahren: Nichts gibt einem Menschen mehr Energie als das Handeln entlang der persönlichen Talentlinie. Das wirft die Frage auf: Hat jeder Mensch ein Talent? Und wenn ja, wie kann er es finden und trainieren?

»Talent ist erblich«, behauptet der Neurobiologe Gerhard Roth in seinem Buch »Persönlichkeit, Entscheidung und Verhalten« (2015, S. 39). Auch das Structogram verfolgt diesen Ansatz. Demnach geht das Talent aus dem persönlichen Potenzial hervor, es ist quasi die Zugabe im Lebensgepäck. Vielleicht rutscht sie im Laufe der Jahre nach unten, weil sie durch Erziehung, Umwelt, Werte oder angelernten Verhaltensweisen in Vergessenheit gerät. Das geschieht oft, wenn wir gegen unsere Persönlichkeitsstruktur handeln, zum Beispiel um der Anerkennung durch andere oder um der Karriere willen. Aber sterben kann unser Talent nie. Es lässt sich zu jeder Zeit hervorholen und festhalten. Manchmal hilft der Zufall nach, damit Sie Ihr verborgenes Talent erkennen. Dann sind es kleine Signale, die Sie hinhören lassen und die sich plötzlich ungemein gut anfühlen. Manchmal bedarf es erst einer Krise, bevor Sie tief in sich hineinhorchen, um zu erfahren, was für Sie wichtig ist im Leben. Und damit fängt die Arbeit erst an.

Geerbt ist nicht geschenkt

Ein Talent ist zunächst nichts weiter als ein fruchtbarer Boden, auf dem vieles blühen und wachsen kann, wenn dieser Boden ständig beackert wird. Denn die Talentpflege ist ein mühsames Unterfangen. Erst nach vielen, vielen Stunden Einsatz trägt sie Früchte. Vor das Talent haben die Götter also den Schweiß gesetzt. Das bedeutet für Sie und für mich: entdecken, festbeißen und dranbleiben. Sie müssen Grenzen in sich verschieben. Sie müssen verliebt sein in Ihr Potenzial. Das haben uns die Psychologen K. Anders Ericsson und Kollegen an der Berliner Musikakademie eindrucksvoll vor Augen geführt (Ericsson u. a. 1993).

Fleiß gehört dazu

Ericsson und seine Kollegen teilten die Violinisten in drei Gruppen ein: Zur ersten Gruppe gehörten jene Kinder von fünf Jahren, von denen man in Zukunft exzellente Musik erwartete. Es waren die voraussichtlichen Stars. Zur zweiten Gruppe zählten jene, die wohl ein gutes Leistungsniveau erreichen würden. Aus der dritten Gruppe, so vermutete man, würde niemand zu einem professionellen Musiker aufsteigen. Entsprechend war der Übungsaufwand.

Die Mitglieder der ersten Gruppe hatten am Ende der Studie, da waren sie ungefähr 20 Jahre alt, 10 000 Übungsstunden absolviert. Die zweite Gruppe brachte es auf 8 000 Übungsstunden und die dritte auf rund 4 000. Sie dürfen also davon ausgehen, dass alle großen Violinisten, wie wir Sie heute kennen und erleben dürfen, mit rund 35 Jahren bereits 30 000 Übungsstunden geschwitzt haben, bis ihnen diese Leichtigkeit auf der Bühne gelingt.

Die 10 000-Stunden-Formel lässt sich übrigens auf jeden Bereich übertragen, von der IT-Programmierung bis zum Schreiben von Büchern gilt das gleiche Prinzip. Talent ist die Grundlage. Aber entscheidend für den Erfolg ist der Härtegrad des Trainings.

Menschen streben danach, im Business wie im Alltag besondere Spuren zu hinterlassen. Sie wollen raus aus dem Durchschnitt. Sie wollen gesehen und respektiert werden. Diese Wünsche sind so natürlich wie das Atmen. Ob sie sich erfüllen, das wird davon abhängen, ob wir nach unseren Talenten wirken und darüber hinaus diese an unseren Zeittakt anpassen.

- Ein Macher wird seine Kreativität in der Gegenwart ausleben wollen. Er wird mit Tempo seine Schaffenskraft beweisen wollen.
- Ein Analytiker wird die Stille schätzen, um sein Wissen und seine Logik weiter zu schärfen. Er hat die Zukunft im Blick und teilt sich sein Ziel in Etappen ein.
- Ein Geselliger wird eintauchen in seine Erinnerungen, um Impulse für neue Aufgaben zu suchen. Sein Zeitraum spannt sich von der Vergangenheit bis zur Gegenwart.

So könnte die Maxime für herausragenden Erfolg lauten: Ein Talent wird umso natürlicher sich entfalten, je mehr es in den individuellen Zeittakt eingebunden ist. Denn beides, Talent und Zeitgefühl, sind Teile der Persönlichkeitsstruktur. Dass Menschen ihre Aufgaben als Stress empfinden, liegt häufig daran, dass es genau an diesen Stellschrauben knirscht.

Wie oft haben Sie in den letzten Jahren Aufgaben übernommen, die Sie zwar gut, aber halbherzig erledigt haben? Wie oft haben Sie zugestimmt, weil Sie dachten, andere erwarten das von Ihnen? Hand aufs Herz: Wie oft haben Sie das Gefühl, da geht noch mehr, da gibt es noch etwas in mir, für das ich brennen würde? Nehmen Sie diese Gedanken ernst!

Natürlich bedeutet das, aus der eigenen Komfortzone hinauszutreten und Aktuelles infrage zu stellen. Es kann sein, dass Sie sich am Ende von gewohnten Strukturen verabschieden werden. Denn wem es einmal gelungen ist, sein Talent zu entdecken, der will es festhalten und formen. Weil ein Arbeiten entlang der Talentlinie mitten in einen Flow führt, in dem sich Zeit und Raum aufzulösen scheinen, in dem die Aufgaben leicht von der Hand gehen – und nicht in eine Erschöpfung münden. Es wächst der Ehrgeiz, besser und besser zu werden und zudem die Freude an den Ergebnissen.

Um ein Talent zu finden, bieten Psychologen mehr als 300 Testverfahren an. Sie könnten also bis zur Rente Ihre Zeit mit der Suche nach Ihren besonderen Gaben verbringen. Vielleicht würden

Sie sogar in unterschiedlicher Weise fündig, denn viele Menschen verfügen nicht nur über ein Talent, sondern über eine ganze Hand voller Talente. Dieser Fundus aber würde Sie nicht weiterbringen. Im Gegenteil: Ein Sportler, der Handball, Fußball und Tennis gleichermaßen trainiert, wird voraussichtlich in keinem Bereich überragend werden. Einer, der sich dagegen auf eine Sportart fokussiert, der Technik und Methode lernt und die Bewegungsabläufe wiederholt, der wird eher ein Meister in seinem Metier. So steht für mich die Suche nach der einen Perle im Vordergrund. Aus meiner Sicht gibt es drei Signale, auf die Sie achten sollten.

Erstens: Wann reagieren Sie auf ein Thema, eine Aufgabe mit Fantasie? Wenn Ihnen eine Idee gefällt, dann denken Sie augenblicklich in Bildern. Vielleicht möchten Sie ein Team leiten? Dann sehen Sie vor Ihrem geistigen Auge, wie Sie gemeinsam früh morgens Ihr Team auf einen schnellen Kaffee in Ihr Büro einladen, um gutgelaunt die Tagesziele zu besprechen. Sie hören sich selbst zu, wie Sie mit Agenturen, Lieferanten verhandeln. Sie wundern sich über Ihre Eloquenz, wenn Sie die Schlusspräsentation vor dem Vorstand halten. Ein Talent triggert immer die Fantasie und malt nahezu in Echtzeit emotionale Bilder im Kopf.

Zweitens: Achten Sie auf Geistesblitze! Werden Sie zum Ideenfänger, denn Ihre Ideen sind ein Indiz für Ihr Talent. Sobald Sie zur Ruhe kommen, sich in der Natur bewegen, entspannen, fahren Sie den Stresspegel herunter. In diesem entspannten Zustand haben Sie einen schnelleren Zugriff auf Ihre Intuition und es entsteht Raum für die Fragen: »Was wäre, wenn …?«, »Was wäre, würde ich versuchen, die neue Produktkampagne zu verantworten?« Obwohl Ihnen das zunächst aberwitzig vorkommt, weil Sie bislang kreative Arbeiten an eine Agentur delegiert haben, sollten Sie den Gedanken festhalten und weiterspinnen. »Was wäre, würden Sie ein Mindmap zu Ihren Gedanken zeichnen?« Eine unverhoffte Idee ist ein Geistesblitz und immer ein Hinweis auf Ihr Potenzial.

Drittens: Die Körperhaltung und Mimik verändern sich. Wenn Sie sich Ihrem Talent gedanklich nähern, dann verändern sich Ihre Haltung und Ihre Mimik. Ihre Schultern straffen sich, Ihre Gesichtszüge werden weicher, ein Lächeln huscht bis zu den Augenwinkeln. Körper und Psyche folgen einander und bei einem guten Gefühl gibt auch der Hautwiderstand nach. Nichts deutet auf Abwehr, alles steht auf Einladung. Ein Talent zu entdecken bedeutet Körper und Psyche in Einklang zu bringen. Wann haben Ihre Augen das letzte Mal gestrahlt?

Kurzum: Sobald Sie Ihr Talent entdeckt haben, entfernen Sie sich vom Stress und landen in der Freude.

Stress als Talentkiller

Leider lässt der Alltag vieler Führungskräfte diese Aufmerksamkeit für freudvolle Aufgaben selten zu. Die Ziele und der Zeittakt sind in zahlreichen Fällen fremdbestimmt, vorgegeben von der Geschäftsführung oder den Eigentümern. Dann übernimmt man Verantwortungen für Projekte, die dem eigenen Potenzial widersprechen. »Aber was«, so denken Sie vielleicht, »sollte ich tun, wenn die Vorgaben derart rigide formuliert sind?« Bei Widerspruch bangen Sie um Ihr Gehalt, um Ihren Status. Beides wollen Sie nicht gefährden – und nicken ab, was andere Ihnen vorschlagen. Ein Konflikt, befürchten Sie, würde Ihren Stress erhöhen. Das ist ein Fehler. In diesem Moment überhören Sie eine innere Stimme, die zur Reflexion mahnt. Sie handeln nach dem alten Glaubenssatz: Wer Karriere machen will, der muss auch mal in saure Äpfel beißen. Nein, muss er nicht.

Wenn Sie oft, sehr oft Aufgaben übernehmen, die Ihrer Persönlichkeit entgegenstehen, dann bewegen Sie sich ununterbrochen im Stressbereich. Man nickt gegen die innere Stimme an, die mahnt: Achtung, das passt nicht zu dir und deinem Talent. Ein

Handeln nach Vorgabe der anderen, ein Agieren gegen die Persönlichkeitsstruktur führt langfristig zu einem ständig überhöhten Cortisolpegel. Das hält niemand durch. Irgendwann folgen Depressionen, der Zusammenbruch, der Burnout, schlimmer noch: Auf Dauer schrumpft der Hippocampus. Er ist im Gehirn verantwortlich für das Erfassen von Lerninhalten und Ereignissen. Zudem ist er unser Gedächtnis. In ihm sind die Daten unserer Persönlichkeit gespeichert und verbinden sich von dort aus mit weiteren Gehirnregionen. Gehirnforscher warnen daher vor einem Stress, der ansteigt und sich manifestiert, wenn Aufgaben- und Zeittakt nicht zu uns passen.

Das innere Feuer entfachen

Ich erinnere mich gut daran, als ein Geschäftsführer auf mich zukam und mich um Rat bat. Er führte ein IT-Unternehmen, war tätig in einem Bereich, der von Fortschritt und Zukunftsdenken geprägt war. Lange Zeitstrecken des Tages verbrachte er mit dem Verstehen und Prüfen neuer Technologien, mit dem Erfassen von Trends und der Voraussicht, wie sich der Markt entwickeln würde. Dies geschah vorwiegend im Team. Eine anspruchsvolle Aufgabe fand ich und wurde umso hellhöriger, als er mir erzählte, dass eine Mitarbeiterin immer wieder Konflikte im Team auslöste. Damit stockten die Prozesse und die Diskussion drehte sich nicht mehr um Sachthemen, sondern um Probleme im Team, um Gespräche über angeblich schwierige Kunden. Das aber, so seine Befürchtung, band unnötige Energie, stoppte die Motivation. Er war ratlos.
Um mir selbst ein klares Bild von der Situation zu machen, besuchte ich ihn in seinem Unternehmen, nahm an einer Teamrunde teil und beobachtet besonders die Mitarbeiterin, die Konflikte schürte. Mir wurde sofort klar: Sie gehörte zu den geselligen Persönlichkeiten. Sie begrüßte mich herzlich, zeigte eine gesprächige Art. Es war leicht, von ihren Aufgaben zu erfahren: Sie wurde eingesetzt, wenn bei Kunden die Netzwerke ausfielen. Dann sollte sie schnell und umsichtig reagieren, Fehler finden und

Ad-hoc-Lösungen bieten. Das jedoch war eine Tätigkeit, die Gesellige nicht präferieren. Ich bat sie um ein Vier-Augen-Gespräch und schnell bestätigte sie meine Einschätzung. Sie saß mit angespannter Miene vor mir, als sie von ihren Einsätzen erzählte, die Schultern zog sie hoch, die Lippen presste sie zusammen, wenn sie schwieg. Ihre gesamte Körperhaltung brachte nur eines zum Ausdruck: Sie stand unter Druck. Auf meine Frage hin, wie sie sich mit diesen Aufgaben fühlte, flüsterte sie: »Sehr einsam, sehr gestresst. Im Team gehen mir alle aus dem Weg. Zu Hause habe ich Streit. Es scheint, als würde ich Konflikte geradezu anziehen, dabei will ich doch nur Frieden. Ich will nicht ständig Feuerwehr spielen, will nicht die Probleme der Kunden auf meinem Schreibtisch sehen. Ich höre nur Beschwerden von allen Seiten. Es ist mir zu viel.«

Ich bedankte mich für die offenen Worte und nahm mir vor, noch einmal an einer Teamrunde teilzunehmen, denn es war offensichtlich, dass diese Frau in dieser Position über kurz oder lang in einem Erschöpfungszustand landen würde. Sie brauchte eine Tätigkeit, die ihrem Persönlichkeitsprofil entsprach, eine, die mit Beständigkeit, Berechenbarkeit, mit Kontakten und Austausch im Kollegenkreis einherging. Die Konflikte, die sie verursachte, waren wie ein Hilferuf.

Ihre Tätigkeit wäre perfekt für eine Macherin. Sie entdeckte ich in der nächsten Teamrunde. Diese Frau war völlig unterfordert. Sie wirkte gelangweilt, beschäftigte sich mit Unterlagen, spielte mit dem Monitor, dem Handy, verließ die Runde mehrmals für kurze Zeit. Ihr Potenzial, das war mir klar, wurde nicht genutzt. Das verrieten ihre unkonzentrierten Gesten, ihre Körperhaltung, die nach vorne gebeugt war. Die Unzufriedenheit erkannte ich an den heruntergezogenen Mundwinkeln. Die Tätigkeit, die sie erledigte, bestand hauptsächlich aus Routineaufgaben. Eine Strafe für eine solche Persönlichkeit mit der Sehnsucht nach einem schnellen Zeittakt, nach Überraschungen und kreativen Lösungen.

Mein Plan war so einfach wie einleuchtend: Die beiden sollten ihre Positionen tauschen. Nicht mehr und nicht weniger war nötig, um das Team wieder auf einen guten Weg zu bringen. Anfangs zögerte der Geschäftsführer ein wenig, aber mit einigen Erläuterungen zum Zeitgefühl eines Menschen, zu den Stärken und Schwächen der Geselligen und der Ma-

cher nahm er meinen Vorschlag an: »In Ordnung, wir machen das für ein halbes Jahr zur Probe.«
Nach einem halben Jahr führte ich Feedbackgespräche mit den Frauen und erfuhr, dass die Macherin mittlerweile Teamleiterin geworden war. Ihre neue Aufgabe hatte sie derartig motiviert, dass sie zusätzlich ein BWL-Abendstudium begonnen hatte. »Es ist toll, mich wieder zu spüren, meine Grenzen zu verschieben«, sagte sie mir mit einem direkten Blick in die Augen und einer geraden Haltung. Ein Lächeln umspielte ihren Mund, eines, das echt wirkt, weil es bis zu den Augen reichte. Auch die Gesellige strahlte mich an und erzählte, dass sie seither wieder vom Team akzeptiert wird und nicht mehr gestresst ist. »Konflikte? Gibt es bei mir nicht.«, scherzte sie.

Das war für mich ein Beweis: Nichts ist stärker als ein entdecktes Potenzial. Einmal anerkannt und im Folgenden trainiert, verbindet es sich mit der Intelligenz. Es lässt Menschen stark werden, über sich hinauswachsen. Es kann Hindernisse im Leben überwinden. Denn das eigene Talent ist wie ein Wegweiser zur Lebenszufriedenheit und manchmal sogar zum Glück. Wir wissen nicht genau, wo im Gehirn das Zentrum für Glück liegt, wir wissen noch nicht einmal, ob es so etwas gibt. Hier streiten die Experten. Die einen glauben es im limbischen System entdeckt zu haben, die anderen stellen fest, es sei eine kurzfristige und komplexe Verbindung verschiedener Regionen im Gehirn. Fest steht jedoch, dass es mit einem Dopaminschub einhergeht. Und dieser erhöht sich, sobald wir gemäß unserer Persönlichkeitsstruktur handeln.

Der Glücksforscher Mihály Csíkszentmihályi schreibt dazu: »Manche Menschen werden mit einer überlegenen Körperkraft geboren, andere mit einer vergleichsweise größeren Fähigkeit, Objekte im Raum auszumachen; manche scheinen in der Lage, Musik mühelos aus dem Gedächtnis zu reproduzieren und wieder andere haben ein fotografisches Gedächtnis für Zahlen. Menschen, die mit einem besonderen Talent gesegnet sind, werden in aller Regel das verfolgen, was ihnen ohnehin leichtfällt. Allerdings ist es häufig so, dass wir keine Vorstellung davon haben, wo unsere Talente liegen, weil wir nie eine Chance hatten, sie zu erproben.« (2014, S. 226).

Die gute Nachricht lautet also:

> Sie haben immer und zu jeder Zeit die Chance, Ihr Talent zu entdecken. Denn ein Talent zählt zu Ihrer Persönlichkeit, zwar kann es durch Kultur, Umwelt gefärbt werden, zwar können Verhaltensweisen anerzogen werden, es bleibt dennoch ein Teil von Ihnen.

Die nachfolgende Grafik verdeutlicht dies.

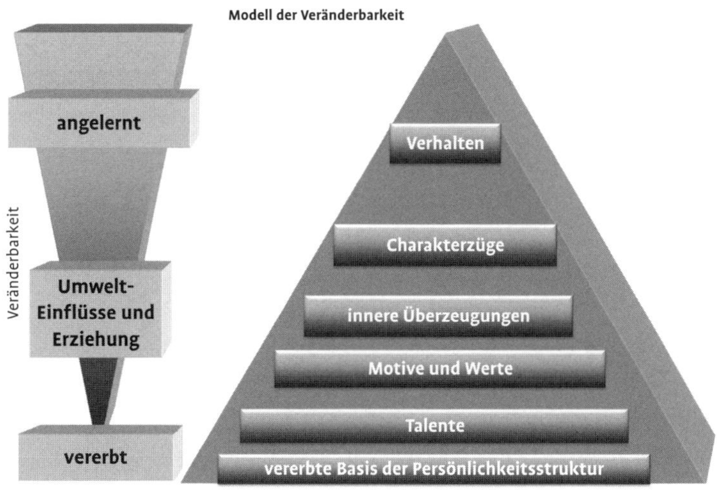

Modell der Veränderbarkeit © Dr. Eva Brandt

Sehen wir also im nächsten Kapitel genauer hin, wie sich die Persönlichkeitsstruktur auf das Zeitverhalten auswirkt.

Literatur

Csíkszentmihályi, Mihály: Flow im Beruf. Stuttgart: Klett-Cotta 2014

Ericsson, K. A. u. a.: The Rule of Deliberate Practice in the Acqusition of Expert Performance. 1993. Psychological Review 100, Nr. 3

Roth, Gerhard: Persönlichkeit, Entscheidung und Verhalten. Stuttgart: Klett-Cotta, 10. Auflage 2015

JETZT
ZUKUNFT
VERGANGENHEIT

Kapitel 5
Bewegen auf dem eigenen Zeitstrahl

»Die Zeit ist das Element, in dem wir existieren. Wir werden entweder von ihr dahingetragen oder ertrinken in ihr.«

Joyce Carol Oates

Die Farben der Zeit

Geschwindigkeit ist ein Grundbedürfnis. Wie essen, trinken, schlafen, gehen, so streben Menschen danach, ihre Zeit zu durchschreiten. Alles andere wäre Stillstand. Überall auf der Welt wollen Menschen ihre Spuren auf dem Lebensweg hinterlassen. Sie wollen schöne Momente sammeln und Erinnerungen bewahren. Sie wollen in der Gegenwart zufrieden sein. Menschen wagen einen Blick in die Zukunft, hoffend, sie würde gut. Man könnte sagen: Dieses Hoffen auf ein erfülltes Leben von der Geburt bis zum Tod ist universell. Und doch weist das Grundbedürfnis nach einer Geschwindigkeit keinen allgemeingültigen Takt auf. Diese Tatsache macht die Zeitplanung zu einem facettenreichen Thema.

Wenn ich in diesem Buch von drei unterschiedlichen Zeittypen schreibe, dann nur aus einem Grund: Ich will Ihr Temperament mit Ihrem Tempo verbinden. Denn das ist ein Kriterium für Zufriedenheit. Menschen empfinden Zeit ganz unterschiedlich! Auch wenn ein Jahr fest umgrenzt ist von den Jahreszeiten, auch wenn ein Leben sich durch Kindheit, Jugend und Erwachsenenalter schlängelt, so hat doch jeder seinen persönlichen Wohlfühltakt, um seine Lebensstrecke in Etappen zu teilen. Einer braucht lange Pausen zwischen den Aktivitäten, um sich seiner Erfahrungen zu vergewissern. Ein anderer will im Hier und Jetzt Großartiges bewirken, dabei kommt er mit großen Sprüngen voran. Und wieder ein anderer richtet seine Aufmerksamkeit in die Zukunft, um Unerwartetes bereits heute zu erkennen. Aber immer bewegen wir uns!

Ohne Geschwindigkeit würden wir unseren Ideen keine Bedeutung geben. Wir hätten das Gefühl, die Zeit liefe uns davon und wir selbst blieben orientierungslos zurück. Kinder, die niemals lernten, den Tätigkeiten eine Reihenfolge zuzuordnen, die haben es schwerer als andere im Leben. Ihnen fehlt ein verlässlicher innerer Zeittakt für Leistung. Ihnen fehlt der Halt in schwierigen Situationen. Genau das aber erfordern Karrieren. Das gesamte Bildungssystem ist auf Lernen in Etappen aufgebaut. Später im Beruf springt kaum jemand aus dem Stand an die Spitze. Vielmehr besteht jeglicher Fortschritt aus Planen, aus einem klugen Setzen von Zielen. Es geht letztendlich immer um die Frage: Wie kann ich mit meinen Ressourcen umgehen und welches Tempo ist richtig für mich, um meinem für mich definierten Erfolg bestmöglich entgegenzugehen?

Würde sich diese Frage allgemeingültig beantworten lassen, so könnte dieses Buch an dieser Stelle enden. Ich würde Ihnen ein Standardformblatt bieten, das zu jedem passt. Vielleicht würde darauf stehen: »Priorisieren Sie abends Ihre Aufgaben und haken Sie diese am Folgetag der Reihe nach ab.« Nur ist die Sache mit dem persönlichen Zeittakt nicht ganz so einfach. Er zeigt nämlich besondere Merkmale auf, weil der Takt mit dem Charakter verwoben ist. Das bedeutet konkret: Ihr Zeittakt ist abhängig von der Prägung im Gehirn. Bereits vor Ihrer Geburt wurde Ihr Zeitgefühl festgelegt, wurde Ihre innere Uhr geeicht. Sie sollten nicht versuchen, das zu verändern, Sie würden zu tief in Ihre Persönlichkeitsstruktur eingreifen und damit Ihre Authentizität gefährden. Mehr noch: Sie würden in der Stressfalle landen. Betrachte ich die Anzahl der Beschäftigten, die jährlich am Burnout erkranken, dann liegt für mich die Ursache in einer fehlenden oder falschen Zeitplanung.

Sehen wir genauer hin, was passiert, wenn Aufgaben unerfüllt bleiben, wenn der Tagesablauf willkürlich wird oder wir unseren Zielen hinterherhecheln: Es entsteht Druck! Innerlich kreisen Gedanken in einer Dauerschleife. Die Gedanken rauben den Schlaf. Äußerlich summieren sich die Vorwürfe der Kollegen und des Chefs. Unmut und Angst sind die Folge. Hält dieser unsägliche Zustand an, dreht sich die Krankheitsspirale in die Höhe: Die Nebennierenrinde zum Beispiel produziert dauerhaft zu viel Cortisol, um den Antrieb zur Leistung aufrechtzuerhalten. Denn wir brauchen diesen Anschub, um nicht vor dem Aufgabenberg zusammenzubrechen. Selbst abends feuert es weiter in den Adern. Das aber hat Konsequenzen für den gesamten Stoffwechsel: Der Botenstoff

Serotonin, zuständig für eine entspannende und zufriedene Haltung, kommt gegen diese Kaskaden an Stresshormonen nicht an. Im weiteren Verlauf entsteht eine Unstimmigkeit der Botenstoffe und spätestens hier reagiert der Körper mit Magen-, Darm-, Herz- und Kreislaufbeschwerden. Die Glückshormonproduktion wird durch diesen Dauerstress gehemmt, Traurigkeit macht sich breit. Was folgt sind dunkle Gedanken, körperliche Erschöpfung und am Ende steht ein Burnout.

Ein Burnout kommt nicht über Nacht. Er kommt schleichend in den Alltag und zwar in leiser Art. Was anfangs mit vagen Ausreden zur Seite geschoben wird, wächst zu einem Problem: Die Zeit reicht nicht aus, um den Tag erfolgreich zu gestalten. Diese Einsicht schürt die Angst vor dem Versagen. Der Körper verliert an Kraft, die Seele schmerzt. Der Betroffene beginnt, an sich zu zweifeln.

Ich sehe Menschen an der Körperhaltung an, wenn sie sich auf dem Weg in diese Krankheit befinden. Sie sacken in sich zusammen, es gelingt ihnen kaum, Augenkontakt zu halten, ihre Stimme verliert an Kraft, als würden Sie die Hoffnung auf eine gute Zukunft aufgeben. Auch die Sprache verändert sich, sie wechselt in passive Formulierungen, wählt Worte, die nicht zielgerichtet, sondern schwammig sind. Keine Entschlusskraft mehr. Keine Vision von morgen. Menschen in einem solchen überlasteten Zustand sind dabei, ihre Geschwindigkeit im Leben zu verlieren, deshalb will ich betonen: Ein typgerechtes Zeitmanagement ist wie eine Prophylaxe gegen das Scheitern. Diesen Aspekt sollten Unternehmen nicht vernachlässigen. In unternehmerischen Leitsätzen sollte der folgende Satz zum Credo werden:

> Jeder Mensch hat sein eigenes Lebenstempo, jeder Mitarbeiter seinen eigenen Zeittakt für Projekte.

Ich habe in mehr als 3 000 Gesprächen mit Führungskräften aller Ebenen erfahren, wie sie aufblühen, wenn sie ihr persönliches Zeitmanagement etablieren. Dann stehen plötzlich Stärken wie Geduld, Inspiration oder Akkuratesse im Mittelpunkt des Handelns. Dann nehmen sie die für sie richtigen Instrumente in die Hand und empfinden eine Freude, wenn sie ihre Zeit einteilen. Denn sie sind mit sich und ihren Aufgaben im Einklang. Das Gleiche gilt für alle, die beruflich stark eingespannt sind.

Die folgenden Zeittypen habe ich auf der Grundlage des Structograms entwickelt. Sie beruhen auf wissenschaftlichen Ergebnissen und meiner langjährigen Begleitung von vielen Menschen in Führungspositionen. In der Quintessenz kann ich feststellen: Gesellige, Macher und Analytiker benötigen unterschiedliche Zeitplanungsinstrumente, um effizient zu arbeiten und zufrieden zu leben.

Der Gesellige: Geduld, eine fast vergessene Tugend

Gesellige weisen starke Nervenbahnen im Stammhirn auf, dem ältesten Bereich des menschlichen Gehirns. Es ist in Form eines kleinen Baumstamms am Ende des Rückgrats verortet. Das Stammhirn ist kaum höher als zehn Zentimeter und doch ist es von enormer Relevanz für Ihr Leben. Denn es reguliert Ihren Atem, Ihren Kreislauf, Ihren Schlaf. Es fängt motorische und sensorische Signale auf und leitet sie weiter. Es löst Reflexe wie das Zucken der Wimpern, das Schlucken oder Husten aus. Im Stammhirn liegt zudem der Kern unserer Instinkte, hier reagieren wir auf Gefahr und mit dem Willen zu überleben. Das Stammhirn wacht sogar über die Träume, denn es sammelt Eindrücke. Es hat zudem Erfahrungen aus Millionen von Jahren gespeichert. Damit leistet es Großartiges für Ihr Sein! Nur hat es Schwierigkeiten, mit Neuem umzugehen. Unvorhergesehenes liebt es gar nicht, dafür fehlen ihm die Muster. Deshalb spielt die Zeitwelt der Geselligen in der Vergangenheit.

Wenn ich die erste Liga der Familienunternehmen in Deutschland betrachte, dann sehe ich oftmals stammhirndominante Manager an der Spitze. Ohne ihren Fleiß, ihre Wertschätzung für andere, ohne bodenständige Ehrlichkeit hätte sich im letzten Jahrhundert das Siegel »Made in Germany« nicht zu einem weltweiten Qualitätsmerkmal entwickeln können. In beeindruckender Weise gelingt es diesen Familienunternehmern, die Loyalität der Mitarbeiter zu wecken. Das ist auch heute noch so. Ich habe erlebt, wie Mitarbeiter bereit waren, Krisen mitzutragen, auf Gehälter für eine Weile zu verzichten, wie sie mit gebündelter Kraft eine Krise gestemmt haben. In einer solchen Atmosphäre des Zusammenhalts wird ein geselliger Manager sein Potenzial entfalten. Er wird nicht müde, für seine Ziele zu kämpfen, weil er weiß: Die Früchte des Erfolgs darf er teilen und allein diese Aussicht ist seine Motivation. Wenn Familienunternehmer einen ebenso stammhirngeprägten Nachfolger finden, dann kann ein Unternehmen Generationen überdauern. Das Narrativ, das aus Identifikation und Historie besteht, bleibt dann wichtiger als die Aussichten auf einen schnellen Profit durch Verkauf. Kurzum: Ein geselliger Manager setzt auf Kontinuität.

Zeittakt für Gesellige

In den Augen der anderen kann das Tempo eines Geselligen langsam wirken. Er arbeitet sich Schritt für Schritt durch seine Aufgaben, lässt sich selten durch Zeitstörer wie E-Mails oder Telefon aus der Ruhe bringen. Denn seine Arbeit unterliegt dem System der Gleichmäßigkeit. Allerdings können Ad-hoc-Aktionen ihn völlig aus der Bahn werfen. Spontane Änderungen seines Plans bereiten ihm Sorgen. Denn ein Geselliger muss zunächst jede veränderte Situation im Stammhirn bewerten. Erst wenn sie das Siegel Harmonie erhält, erst wenn Konflikte und Schwierigkeiten nicht erkennbar sind, dann lässt er sich auf den Zeitablauf ein, aber bitte in einem für ihn angemessenen Tempo. Am Ende eines Projekts dreht er sich noch einmal um, wirft einen Blick auf die gemeinsam verbrachte Zeit. So kann es sein, dass Gesellige nicht das Ergebnis feiern, sondern das Ende einer schönen gemeinsamen Zeit bedauern. Bevor ich Ihnen das passende Zeitplanungsinstrument für

Stammhirndominante vorstelle, lade ich Sie in deren Privatheit ein. Das ist nicht unhöflich, denn ein Geselliger zieht kaum eine Trennlinie zwischen Beruf und Privatleben – vielmehr sind die Übergänge fließend. Ein Blick ins Wohnumfeld verrät: Hier lebt ein Mensch, dem Gemütlichkeit und Genuss wichtiger sind als stylishe Trends. Meist schätzt er Naturmaterialen wie helles Holz oder Stein in Terrakotta. Das Sofa ist dekoriert mit Kissen und Decken, es lädt zum Entspannen ein. An den Wänden hängt selten sachliche Kunst in grellen Farben, eher zeugen Fotos von glücklichen Stunden mit Familie und Freunden. Das sind seine Perlen der Vergangenheit, die bis in die Gegenwart strahlen. Aber so gastfreundlich der Gesellige auch erscheinen mag – in der Auswahl seiner Gäste ist er besonnen. Diese persönliche Note seines Refugiums zeigt er nicht jedem, nur wen er wertschätzt, lässt er in sein Haus. Zuvor nämlich testet er, ob jemand seines Vertrauens würdig ist und seiner Freundschaft sowieso. Dann aber stehen guter Wein und bestes Essen bereit, die Tischthemen drehen sich häufig um Familie, Urlaube und schöne Erlebnisse. Über das Geschäft redet er eher am Rande. Der Gesellige ist ein Herzensmensch. Erst wenn dort Wärme spürbar wird, geht er zu den rationalen Themen über.

Wer zum Dunstkreis eines Geselligen zählt, der darf sich in der Regel auf seine Unterstützung verlassen. Denn eines seiner Mottos lautet: »Frage mich um einen Gefallen und ich werde ihn erfüllen.« Nur eine Einschränkung schiebt der Gesellige hinterher: »Es sei denn, meine Familie braucht mich.« Wegen ihrer großzügigen Hilfsbereitschaft sind gesellige Menschen beliebt. Ihnen schenkt man Vertrauen – und oftmals Aufgaben, die andere nicht erledigen wollen. Weil man weiß: Er nickt und übernimmt. Und genau hier liegt die Gefahr, dass Gesellige sich verzetteln. Sie sagen nicht Nein, weil ihnen gute Emotionen wichtiger sind als die Berechenbarkeit der Erfolge. Das drücken sie gern in blumigen Worten aus, wenn sie in Adjektiven schwelgen und Geschichten aus der Vergangenheit erzählen. Selbst in Protokolle lassen sie Wertungen und Stimmungen einfließen und am Ende fügen sie ein Kiss-off unter die Fakten, zum Beispiel mit den besten Wünschen für einen sonnigen Tag oder mit der Hoffnung, die Mitarbeiter mögen Freude an den Aufgaben spüren.

Gesellige tauchen deshalb gern in Schicksalsromane oder Biografien berühmter Menschen ein. Sie wünschen sich: »Bitte die Sinne berühren!« Ihnen ist die Welt zu bunt, um sie in nackten Zahlen abzubilden. Und doch besteht die Arbeitswelt nicht nur aus hellen Stimmungen. Zuweilen rollen Veränderungen auf den Geselligen zu. Da würde er sich gern ducken. Was hier für den Analytiker händelbar und für den Macher eine Chance zum Glänzen ist, das empfindet der Gesellige als Druck.

Ich empfehle Ihnen, während einer Phase der Veränderung, einfach Ruhe zu bewahren. Nehmen Sie sich Zeit, um sich an vergangene Szenen zu erinnern, die Sie meisterten. Am besten gelingt Ihnen diese Vorstellungskraft während eines Spaziergangs oder in einem Gespräch mit einer Person, die Sie sehr schätzen. Lassen Sie sich ein auf eine Gedankenreise, die Sie in die Zukunft gleiten lässt. Malen Sie sich aus, was durch die Veränderung leichter und besser werden wird und versehen Sie dieses Bild mit einer Überschrift: »Alles wird gut.« Das beruhigt Ihren Herzschlag. Das speichert Bilder voller Zuversicht in Ihrem Stammhirn ab und damit kann es sein, dass Änderungen ihre Gefahr verlieren, dass sie sich vielmehr Einreihen in die Galerie der Erlebnisse.

Aus der Neurobiologie wissen wir, dass die Vorstellungskraft eben solche Aktivierungen im Gehirn vornimmt wie bei tatsächlich ausgeführten Tätigkeiten. Das ist mit dem Prinzip des Brain-Computer-Interface messbar. Niels Birbaumer, Forscher im Bereich Biofeedback und Verhaltensneurobiologie an der Universität Tübingen schreibt dazu: »Genauso wie wir lernen, Verhaltensweisen zu wiederholen und Orte aufzusuchen, an denen wir Positives erlebt haben oder erwarten, genauso können wir lernen, die Aktivitäten unseres eigenen Gehirns, seien sie nun elektrisch, magnetisch, chemisch oder metabolisch, unter willentliche Kontrolle zu bringen – wenn diese Aktivitäten auch systematisch belohnt werden« (Birbaumer 2010, S. 57). Da Gesellige fantasiereiche Menschen sind, dürfte diese Methode der Vorstellungskraft einem Stress entgegenwirken. Entsprechend kreativ sollten die Instrumente für die Zeitplanung sein.

Zeitinstrument für Gesellige

Das Instrument der Wahl ist nicht die Liste, nicht die Tabelle. Für Gesellige funktioniert kein System nach dem Eisenhower-Prinzip, das alle Aufgaben nach wichtig und dringend sortiert oder dem Pareto-Effekt, der aufzeigt, dass 80 Prozent der Ergebnisse mit 20 Prozent des gesamten Zeitaufwands zu erreichen sind. Gesellige wollen ihren eigenen Plan und der sollte haptisch schmeichelhaft, visuell attraktiv sein.

Tipp

Ich schlage Geselligen ein schönes, wertiges Notizbuch vor, vorzugsweise mit einem Cover aus gefärbtem Stoff oder weichem Leder, mit Papierseiten von hoher Grammatur und Opazität. Dieses Zeitbuch für Gesellige darf mit Lesebändchen versehen sein, vielleicht weist es am Rand kleine Registermarken auf. Die Seiten dürfen unliniert, aber nicht kariert sein, denn Gesellige brauchen den weißen Raum für ihre Worte und für Symbole.

Im Prinzip lehnen Gesellige tief in ihrem Herzen ein Zeitmanagement ab, aber doch wissen sie um die Wichtigkeit. Gesellige wählen gern den Tagesrhythmus und ein Buch kann diesem eine spielerische Note verleihen. Dennoch empfehle ich, drei Aspekte zu beachten:

- unbedingt auch Nein sagen
- sich nicht ablenken lassen
- Netzwerke nutzen

Arbeiten mit einem Zeitbuch

- Notieren Sie sich in dieses Buch in großen Lettern die Deadlines Ihrer Projekte. Diese behalten Sie im Blick, denn sie geben den Rahmen für jegliche Aktivitäten vor.
- Schreiben Sie die einzelnen Schritte auf, die Sie zu dieser Deadline führen.
- Planen Sie zwischen Ihren Aufgaben Zeitfenster für Gespräche mit Kollegen und Partnern ein.
- Als Zeittakt dient die Unterteilung in Tage, längstens in Wochen. Ziele, die in einer unberechenbaren Zukunft liegen, regen Sie eher auf als an.
- Berücksichtigen Sie innerhalb Ihrer Aufgaben kleine Pausen. Bei geselligen Managern schleichen sich unter Zeitdruck schnell Fehler ein.
- Begreifen Sie Ihr Zeitbuch als Ideenbuch. Zeichnen Sie Symbole an den Rand, kleben Sie Fotos ein, arbeiten Sie mit Farben.

Geben Sie diesem Buch auf Ihrem Schreibtisch einen prominenten Platz während Ihrer Arbeitszeit. Später, wenn Sie nach Hause gehen, werden Sie es mitnehmen, um am Abend darin den Tag noch einmal Revue passieren zu lassen. Diese Art der kreativen Zeitplanung kommt Ihrem vergangenheitsorientierten Zeitverständnis entgegen.

Stress- und Flowmomente der stammhirndominanten Geselligen im Überblick

Ein Geselliger empfindet Stress, wenn	Ein Geselliger empfindet Flow, wenn
ein Konflikt schwelt und die Stimmung dadurch angespannt ist	Kollegen und Mitarbeiter ihn mögen und ein gutes Klima im Unternehmen spürbar ist
er anderen einen Gefallen aus Zeitgründen ausschlagen muss	Kollegen ihn um Rat fragen und seinen Rat wertschätzen

er von seinem Team getrennt ist; Einzelarbeit empfindet er als Isolation	er im Team seine Rolle als empathischer und wohlwollender Unterstützer ausleben kann
er Druck und Hektik empfindet, weil der Zeittakt für seine Aufgaben von anderen zu eng gesetzt wurde	er Muße für Gespräche hat und dadurch das Projekt aus Zeitmangel nicht gefährdet
er sich mit Vorwürfen konfrontiert sieht	er seine Aufgaben von Harmonie begleitet erledigen kann
andere ihn zu einer Entscheidung drängen	er über Vergangenes in Ruhe nachdenken kann und seine eigenen Entschlüsse von anderen akzeptiert werden
er sich gehetzt fühlt, weil Termine zu knapp bemessen sind oder andere seinen Arbeitsrhythmus kritisieren	er mit Fleiß, aber in Ruhe, seine Aufgaben kontinuierlich und in seinem eigenen Tempo erledigen kann
er neue Aufgaben ohne Ankündigung übernehmen und erledigen soll	er neue Aufgaben zunächst mit einem vertrauten Kollegen besprechen kann
er seine Anliegen vor großer Runde durchsetzen muss	er sein Anliegen zunächst in seinem Netzwerk und im vertrauten Rahmen besprechen kann, bevor er es in einem Meeting in großer Runde vorstellt und diskutieren lässt
er private Probleme aushalten muss und diese mit durch den Arbeitstag schleppt	er weiß, dass auf privater und beruflicher Ebene alles zum Besten steht
er weiß, dass es Veränderungen im Unternehmen geben wird, die er noch nicht einschätzen kann	ihm Veränderung frühzeitig und in kleinen Einheiten kommuniziert werden

seiner Anspannung keine direkte Phase der Entspannung folgt	er Druck und Stressmomente durch Spaziergänge mit einem Kollegen oder durch ein spontanes Treffen, zum Beispiel in der Cafeteria abbauen kann

Damit Gesellige Ihren Wohlfühltakt finden, hier noch einige Tipps:

Tipps für mehr Leichtigkeit in der Zeitplanung der Geselligen

- Ihr Zeitgefühl liegt in der Vergangenheit, das bedeutet: Sie sind nachtragend. Wie wäre es, Sie würden bei einer Entschuldigung des anderen nicht in Ihre Kiste der Erfahrungen greifen, um Vergangenes in die Gegenwart zu holen, sondern sich sagen: Was passiert ist, war gestern. Heute, in der Gegenwart, bin ich auf meinem Zeitstrahl im Leben ein Stück weitergegangenen. Lohnt es sich wirklich, diesen alten Streit mitzuschleppen? Schütteln Sie ihn ab. Er ist oftmals eine unnötige Last. Lassen Sie los und halten Sie Ihren Kopf frei für neue, für schöne Gedanken und Erlebnisse.
- Sie sind als Geselliger ein großzügiger und wohlwollender Mensch. Für Sie ist es nahezu selbstverständlich, dass Sie für andere einspringen, wenn Sie um Hilfe gebeten werden. Das kann Sie mit Ihren eigenen Aufgaben jedoch unter Druck setzen, denn auch Ihr Tag hat nur eine begrenzte Stundenzahl. Wie wäre es, würden Sie morgens eine Stunde oder sogar zwei Stunden vor Ihren Kollegen im Büro sein und diese ungestörte Ruhe sehr konzentriert für Ihre eigenen Ziele nutzen? Sie umgehen damit die Gefahr, schon morgens angesprochen zu werden und sich dadurch nicht rechtzeitig zu fokussieren.
- Gesellige neigen dazu, ihre Ziele im Team zu besprechen. Nur: Gesprochen ist nicht erledigt. Deshalb ist es wichtig, sich täglich ein Gespür dafür zu erhalten, an welchem Punkt der Zielerreichung Sie konkret stehen. Etablieren Sie die Kieselsteintaktik. Stellen Sie sich

dazu einen hohen Berg von Steinen vor. Sie entscheiden, wie viele Schubkarren Sie täglich abtransportieren, um die Höhe des Berges zu mindern. Das macht am Ende des Tages Ihren Erfolg sichtbar.

- Scheuen Sie sich nicht, Kollegen um Hilfe zu bitten, wenn Ihre Zeit knapp wird. Als Geselliger haben Sie sicherlich ein dickes Plus auf Ihren Beziehungskonten. In Engpässen dürfen Sie darauf zurückgreifen.

Für Gesellige hier noch eine zusammenfassende Empfehlung:

Setzen Sie sich Ihre Ziele selbst, bevor andere das für Sie tun. Denn Sie können mehr stemmen als Sie glauben!

Der Macher: Jonglieren mit den Möglichkeiten

Ein Macher will seine Bühne. Immer. Da ist sein Platz, da liebt er den Applaus. Dafür ist er bereit, sein Wissen als Konzentrat zu bieten, denn Kleckern ist nicht seine Art. Vielmehr gibt er seinem Handeln ein Tempo, spricht bereits während er noch denkt und ebenso intensiv sind seine Bewegungen. Die Arme unterstreichen die Worte. Der Gang ist raumgreifend. »Hier bin ich, bereit zu reden und Ideen in die Welt zu jagen. Aber langweilt mich nicht, denn sonst suche ich mir ein anderes Publikum.«, scheint er zu rufen. Multitasking ist für ihn kein Unwort, sondern ein Versprechen. Mit dieser Eloquenz beeindruckt ein Macher die Geselligen und ängstigt die Analytiker, aber um solche Befindlichkeiten schert er sich wenig, warum sollte er sich sorgen? Im Moment seines Auftritts fühlt er sich wohl. Seine Kraft zieht er aus der Gegenwart. In drei Sekunden kann sich alles ändern: eine Entscheidung, eine Stimmung und auch ein Plan. Was morgen ist, das wird sich zeigen. Diese Attitüden sind für einen Macher typisch, denn sein Temperament spielt im Zwischenhirn, im limbischen System.

Im Zwischenhirn, so der Stand der Wissenschaft, sitzt das Bewusstsein des Menschen. Es gilt als Regulator für unseren Schlaf- und Wachrhythmus, für Schmerz- und Temperaturempfinden, für Hunger, Durst, sowie auch für die Lust. Darüber hinaus wirkt es wie eine Schaltzentrale für Sinneseindrücke, entscheidet im Mikrosekundenbereich, welche Eindrücke gefiltert, welche abgelehnt oder weitergeleitet werden. Bei einem Macher zeigen sich diese Nervenstränge extra stark. Das ist der Grund, warum sie Chancensucher und stets bereit sind für den Sprung in die nächste Herausforderung.

Entwicklungshistorisch bildete sich das Zwischenhirn vor rund 100 Millionen Jahren. Als die Säugetiere die Reptilien verdrängten, da brachen die starren Muster aus Flüchten, Jagen, Totstellen auf. Mit dem Zwischenhirn entstanden feine Strukturen, allen voran die Emotionen. Macher sind Meister im schnellen Bündeln der Emotionspakete. Dorthin packen sie Wut, Freude, Überraschung, Lust und Zorn, auch über Sympathie oder Ablehnung entscheiden sie treffsicher. Langes Gedankendrehen um Interpretationen ist nicht ihr Ding. Lieber entscheiden sie sich im Augenblick und kalkulieren Fehler ein. Dieser Direktheit kann sich kaum einer entziehen, oft kleben Menschen an den Lippen eines Machers, weil so viel Elan verblüfft. Macher strahlen ein Charisma auf der einen Seite aus, auf der anderen Seite überfordern sie zuweilen ihre Mitmenschen. Nicht jeder kann seine Leistung spontan abrufen, nicht jeder kann mit Worten beeindrucken. Wenn ein Macher diese Langsamkeit erkennt, dann reagiert er mit Unverständnis – und wendet sich ab. Für ihn ist nur ein ernstzunehmender Partner, der entweder ein ähnliches Tempo in den Alltag bringt oder der ihn mit konzentriertem Wissen überzeugt. Plaudern und Wortgeplänkel sind ihm eine verlorene Zeit. Er will Mehrwert, Ergebnis und darüber hinaus eine zündende Einsicht. Nur Erfolg treibt ihn an – das gilt für alle Lebensbereiche.

Der Macher fühlt sich wohl in Gesellschaft, wählt aber seine Freunde und Gesprächspartner mit Bedacht. Bevor er sie nach Hause einlädt, stehen die Fragen im Raum: »Was bringt mir dieses Treffen? Was kann ich lernen? Was hat der andere zu geben?« Im Zweifel sagt er Termine ab, wenn die Antworten für ihn keinen Vorteil versprechen. Zeit ist Geld und Geld ist Erfolg, diese Kausalkette zieht sich durch seine Gedanken. Dabei genießt er durchaus die Menschen, die ihn mit Wissen und Erfahrung bereichern, gönnt auch jedem anderen seinen Erfolg.

Je nach Vorliebe findet der Besucher in der Wohnung eines Macher edle Kunst an den Wänden oder einen überdimensionalen Herdblock in der Küche oder die Sporttrophäen im Regal. Dort spiegelt sich auch Bildung in meterlangen Reihen voller Bücher wider, vornehmlich Klassiker und Spitzenreiter der Rankings. Die aktuellen Werke liegen meist aufgeschlagen auf dem Nacht-, Schreib- und Esstisch. Es könnte sich eine freie Minute ergeben, um sie quer oder diagonal zu lesen. Diese Schnellmethode hat ein Macher sich angeeignet, weil sein Zeitkontingent keine Fenster für Muße offenlässt. Nach dem Motto »Keep it short and simple« nutzt er zudem Plattformen, die Zusammenfassungen von Büchern anbieten. Warum sollte er sich durch 700 Seiten quälen, wenn dort Experten ein Resümee von zehn Seiten mundgerecht zubereiten? Gern lässt er sich von Hörbüchern berieseln, zum Beispiel auf langen Autofahrten oder als Ersatz für Klassikmusik am Feierabend. »Zeit ist eine begrenzte Ressource. Also nutze ich sie. Pausenlos!« – das könnte sein Motto sein.

Einem Macher möchte ich an dieser Stelle raten: Versuchen Sie hin und wieder eine zeitliche Balance zu halten. Dämpfen Sie zwischendurch den Stress, auch wenn Sie ein hohes Tempo beflügelt. Jeder Muskel braucht nach der Anspannung eine Entspannung – auch das Gehirn. Robert Levine erläutert das in seinem Buch »Eine Landkarte der Zeit« folgendermaßen: »Natürlich gibt es keine einfache Formel für ein mittleres Tempo. Die schwierige Aufgabe – im Grund eine der hohen Künste des Lebens – besteht darin, dass jeder Mensch für jede Aktivität das optimale Maß an Druck finden muss. Eine Strategie, die ich persönlich hilfreich gefunden habe, um mich im Bereich eines mittleren Tempos zu halten, ist die Einführung zeitlicher Wächter oder Feedbacksignale, die es mir melden, wenn ich mich außerhalb meines optimalen Geschwindigkeitsbereiches befinde.« (2015, S. 277). Ich glaube, dass dieser Hinweis so manchem Macher vor Herz-Kreislauf-Beschwerden retten kann. Denn die Gefahr für temporeiche Temperamente liegt genau darin, dass sie in ihrem Leben Grenzen verschieben wollen. Das bedeutet konkret: Geschwindigkeit erhöhen, mit Aufgaben jonglieren, Ergebnisse generieren, zahlreiche Ziele formulieren. Irgendwann aber überdreht sich die Tempospirale.

Tipp

Wenn Sie zu den Machern gehören, dann sollten Sie auf Ihre persönlichen Stresssignale achten: Schweißattacken? Verhaspeln beim Schnellsprechen? Herzrasen? Magenprobleme? Erhöhte Aggression? Kurzatmigkeit? Zucken unter dem Augenlid? Am besten gehen Sie dann sofort aus einer Situation heraus. Lassen Sie zehn Minuten lang Ihre Gedanken los. Schaffen Sie sich einen Raum für innere Ruhe, auch diese Elastizität ermöglicht Ihnen Ihre außergewöhnliche Prägung im limbischen System.

Zeittakt für Macher

Ich muss nicht betonen, dass die meisten zwischenhirndominanten Macher es lieben, sich auf internationalem Parkett zu bewegen. Im Verhandeln sind sie sprachgewandt, fügen sich nonchalant in fremde Kulturen und Gepflogenheiten ein. Darüber hinaus brillieren sie gern vor Publikum. Wenn ich mich in den Sportdisziplinen umsehe, dann kommt der Stabhochspringer dieser Managementhaltung sehr nahe. Stellen Sie sich diesen Ausnahmesportler vor: Die Messlatte liegt auf sechs Meter Höhe und Sie wissen, bei einem Hauch von Berührung wird sie fallen. Im Stadion herrscht Stille, nicht das leiseste Geräusch ist zu hören, obwohl rund 30 000 Menschen Sie anstarren, hoffend, das beste Ergebnis möge Ihnen gelingen. Und Sie? Sie wollen diese Marke knacken, denn Superlative sind Ihr Metier. Genau dieser Druck elektrisiert Ihre Nervenbahnen. Nur 40 Meter trennen Sie von diesem Sprung. Wie haben Sie diesen Leistungsmoment herbeigesehnt! Es ist Ihr Auftritt. Sie laufen los, steigern das Tempo, halten den Stab über dem Kopf. Sie wissen, wie elegant diese Haltung wirkt und während Sie zum Sprung ansetzen, geht ein Raunen durch die Zuschauerränge. Nur die Bewegung zählt und das Ergebnis, drei Sekunden für den Sieg. Der Fall ist sanft. Geschafft. Die Gewissheit, dass nur wenige Menschen auf der Welt sechs Meter überspringen, erwärmt Ihr Herz. Für kurze Zeit. Dann fragen Sie strahlend in die Runde: »Und nun? Was kommt als Nächstes?«

Diese Sportmetapher kann für das berufliche Tempo des Machers gelten: Das Ergebnis des Augenblicks zählt und was folgt, ist das nächste Projekt. Damit entfernt sich ein zwischenhirndominanter Manager von der SMART-Methode, denn er denkt in groben Rastern, will die Überschriften des Erfolgs vor seinem geistigen Auge sehen und nicht die Details. Deshalb arbeitet er gern mit Skizzen, gibt die Umrisse vor. Großzügige Striche deuten an, wohin die Strecke zum Ziel führt. Meist gibt er sich 48 Stunden Zeit, um Projekte zu initiieren, denn soweit spannt sich sein Zeithorizont auf. Allerdings – und das ist eine Wahrheit – wird auch diese Kürze zum Chaos, wenn die Planung fehlt. Nur welches Instrument sollte ein Mensch mit Echtzeitdenken wählen?

Generell mag ein Macher seinen beruflichen Alltag nahezu papierlos. Auf dem Schreibtisch werden Sie keine Stapel finden und Ordner stehen in überschaubarer Anzahl im Regal. Vielleicht trägt er ein Notizheft von edler Marke im Sakko – für Geistesblitze und unerwartete Kontaktdaten. Generell aber bevorzugt er das Sprechen mehr als das Schreiben und so ist ein Diktiergerät für ihn auch ein Zeitgerät, ein Smartphone dient als Memo und ein Tablet nutzt er als Organizer. Zeitplanung ist ein Thema zum Füllen von Pausen, so sein Ansinnen, zum Beispiel während der Fahrt im Taxi oder während des Wartens zwischen zwei Terminen. Wenn Sie hier nicken, dann gönnen Sie sich diese Kür, pflegen Sie Ihre Vorliebe für das Ad-hoc-Schreiben.

Für die kleinen Notizen, ob per Hand oder elektronisch verfasst, bieten sich übrigens farbige Markierungen an. Denn Sie wissen, Ihr Zeittakt ist schnell, Sie registrieren Relevantes auf den ersten Blick. Macher sind oft visuell geschult und so kommt diese Farbigkeit Ihrer Abstraktions- und Auffassungsgabe entgegen.

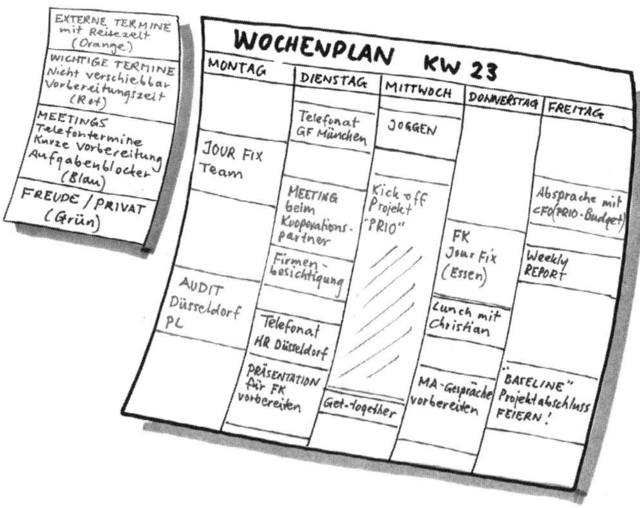

Natürlich erfüllt ein Spontaneintrag im Notizblock nicht gänzlich die Kriterien eines effizienten Managements. Vielmehr muss dieser Eintrag weitergeleitet, weiterbearbeitet und in die Aufgabenreihe eingefügt werden.

Tipp

So finde ich es zielführend, wenn ein Macher seine Notizen abfotografiert und via MMS an seine Assistenz sendet. Seine Sprachmemos erhält sein Projektteam. Damit sind Aufgaben, die er nicht dringlich und wichtig selbst lösen muss, vom Tisch. Was bleibt, sind jene Aufgaben, die ein Macher nur selbst erledigen kann. Hier möchte ich an seine Disziplin appellieren und ihm als geeignetes Instrument das Eisenhower-Prinzip anbieten.

Zeitinstrument für Macher

Das Eisenhower-Prinzip beschreibt, dass in der Fülle unserer Aufgaben ein Priorisieren sinnvoll ist, um Überblick und Erfolg zu gewährleisten. Die berühmten Quadranten zählen heute zu den weltweiten Klassikern des Zeitmanagements. Die Grundidee lautet: Bilden Sie Quadranten auf einem Blatt, indem Sie ein Kreuz in die Mitte zeichnen.

- Im oberen rechten Quadranten befinden sich Ihre wichtigen und dringlichen A-Aufgaben. Hier gibt es kein Verschieben, keine Ausreden. Die werden sofort und persönlich erledigt.
- Im oberen linken Quadranten stehen Ihre sogenannten B-Aufgaben, die wichtig, aber nicht dringlich sind. Die müssen Sie terminieren und selbst erledigen, außer Sie haben eine wertvolle Assistenz und können somit auch diese Aufgaben teilweise delegieren.
- In den unteren rechten Quadranten schreiben Sie C-Aufgaben auf, welche nicht wichtig, jedoch dringlich sind: Das dürfen Sie delegieren.
- Im unteren linken Quadranten befinden sich die D-Aufgaben, die weder wichtig noch dringlich sind. Die dürfen Sie abheften oder sogar aussortieren und vergessen. Diese sind Zeit- und Energieräuber.

0%	Dringlichkeit	100%
B Zeit blocken im Wochenplan	A wichtig, heute zu erledigen	Wichtigkeit
D ablegen, wegwerfen	C delegieren, wenn möglich	
		0%

Mögen auch viele Zeitmanagementexperten dieses Prioritätenkreuz als überholt ansehen, so halte ich es für Macher, die gern zwischen den Aufgaben springen, für ein feingestimmtes Instrument, weil es vor Augen führt, wo es sich lohnt, ein wenig länger zu verharren. Sie müssen nicht alles sofort und auf einmal erledigen. Sie müssen nicht immer die richtige Antwort parat haben. Manchmal kann es zielführend sein, eine Antwort um 24 Stunden zu verschieben. Ein Loslassen und Reifenlassen kann eine Entscheidung ungeahnt beeinflussen, das Leben lehrt uns: Nach der Distanz einer Nacht erscheint vieles in einem anderen Licht. Das Gehirn arbeitet auf einer unbewussten Ebene weiter. Im Schlaf finden sich Lösungen oft spielend leicht, weil dann die Kreativität Raum findet. Daher kann es sein, dass der erste Enthusiasmus für ein Projekt bereits abgekühlt ist, weil die Zweifel lauter werden oder Sie die Konsequenzen vorhersehen können.

Wenn ein Macher die folgenden drei Hinweise in seiner Zeitplanung beachtet, wird er seine Vielschichtigkeit der Talente für sich und sein Team nutzen:

- auf das Wesentliche fokussieren
- Engagement im Projekt bis zum Schluss aufrechterhalten
- Entscheidungen eine Nacht überdenken, anstatt Ad-hoc-Zusagen treffen

Nehmen Sie sich bewusst vor, den Fokus auf Ihre dringlichen und wichtigen Aufgaben zu halten. Geben Sie Abwechslungen keine Chance, eher flüchten Sie aus Ihrem Büro in ein Besprechungszimmer! Am Ende ist es ein gutes Gefühl, den roten Faden nicht verloren zu haben und am nächsten Tag genau an diesem Punkt wieder anknüpfen zu können. Diese Stringenz entscheidet letztendlich über Erfolg oder Niederlage.

Stress- und Flowmomente der zwischenhirndominanten Macher im Überblick

Ein Macher empfindet Stress, wenn	Ein Macher empfindet Flow, wenn
er Routineaufgaben erledigt	er unter Zeitdruck Höchstleistung bringen kann
er Projekte in jeder einzelnen Phase bis zum Ende begleiten soll	er neue Projekte anstoßen kann und in kurzer Zeit ein Ergebnis sieht
er keine Lösung für ein Problem sieht	er in ausweglosen Situationen Chancen erkennen und ergreifen kann
ihm Aufgaben entgleiten	er alles unter Kontrolle hat
er hilflos erscheint und sich eine Niederlage eingestehen muss	ihm außergewöhnliche Erfolge gelingen und andere ihn dafür bewundern
Meetings ineffizient sind	parallel mehrere Themen bearbeitet und mehrere Termine organisiert werden
seine Arbeit ein Denken in Details erfordert	er seine Professionalität durch schnelle Ergebnisse beweisen kann
er Mitarbeitern und Kollegen zuhören soll	er selbst sprechen und präsentieren kann
er in Machtkämpfen zu verlieren droht	er sich des Respekts seiner Mitarbeiter gewiss ist

Der passende Zeittakt für Macher lässt sich mithilfe folgender Tipps finden.

Tipps zum Umgang mit dem persönlichen Zeittakt für Macher

- Zwischenhirndominante Macher denken in der Gegenwart – das widerspricht einer Planung per se. Deshalb bevorzugen sie spontane Notizen. Sorgen Sie dennoch für Klarheit, um Wichtiges nicht zu übersehen: Setzen Sie sich zum Beispiel abends, bevor Sie das Büro verlassen, 15 Minuten an Ihren Schreibtisch und entscheiden Sie, welche der Aufzeichnungen von besonderer Relevanz ist. Diese erledigen Sie am nächsten Tag zuerst, auch wenn eine attraktivere Aufgabe winkt.
- Lernen Sie zu delegieren. Ihr Talent ist es, Projekte anzustoßen und punktuell zu begleiten. Geben Sie dazwischen die Verantwortung ab, daran werden Ihre Mitarbeiter wachsen und Sie mehr innere Ruhe finden.
- Planen Sie vor jedem Termin ein Zeitfenster ein, um sich sehr gut vorzubereiten. Bitten Sie Ihre Assistenz um eine Übersicht der Themen, um eine Kurzzusammenfassung zu den Meetings. Das Gefühl, auf dem aktuellen Stand zu sein, minimiert den Stress erheblich. Und: Gut vorbereitete Meetings verlaufen ergebnisorientierter.
- Bedenken Sie, dass Ihre Mitarbeiter Ihr Tempo zuweilen als anstrengend empfinden. Kommunizieren Sie daher auch die Zwischenziele – und nicht nur das große Ganze.

Und an dieser Stelle für Macher noch eine grundlegende Empfehlung:

> Planen Sie Kurzurlaube, das kommt Ihrem Zeittakt entgegen, denn Sie regenerieren so schnell, wie Sie arbeiten.

Der Analytiker: Reduktion ist mehr als ein Stilmittel

Analytiker sind keine Generalisten. Sie sind Tiefenbohrer auf einem Fachgebiet. Sie wollen jede Kruste durchbrechen, um Wahrheiten zu finden, die vorher niemand sah. Das gelingt ihnen vornehmlich in den Bereichen Jura, Technik, Medizin oder auch Controlling, Revision, Buchhaltung. Dort fühlen sie sich wohl. Dort entspricht das Arbeiten mit Details ihrer Prägung. Sie bevorzugen Einzelbüros, um ihrer Arbeit eine gewisse Stille zu geben. An der Tür hängt dann ein Schild: »Bitte nicht stören!« Und jeder ist gut beraten, sich danach zu richten.

Ein Analytiker meint, was er sagt, aber sagt selten, was er denkt. Denn das Denken ist für ihn eine persönliche Sache, auch seine Aufgaben innerhalb eines Projekts fallen unter dieses Siegel. Seine Worte sprudeln nicht im Affekt aus ihm heraus. Er ist vielmehr ein Ergebnissprecher, nimmt die Argumente der anderen gedanklich vorweg und diese Fähigkeit macht ihn zu einem Gesprächspartner, der sich den Respekt der anderen verdient. Besonders in Meetings hofft man auf seine Argumente. Die bietet er auch detailreich, wenn man ihm Zeit zur Vorbereitung lässt. Generell aber trachtet er danach, ein Meeting pünktlich zu beenden, um wieder tüfteln zu können, wofür sonst wird er bezahlt? Es kann sogar sein, dass Kollegen ein Projektende feiern, aber er sich sorgenvoll zurückzieht. »Ich will noch einmal eine These überprüfen«, murmelt er dann und verlässt die Runde.

Ein Analytiker ist ein Zukunftsdenker, der vor jeglichem Handeln die Konsequenzen sieht und das zeichnet ihm zuweilen Sorgenfalten auf die Stirn. Ein Macher mag sich fragen, wie so viel Einsamkeit und Zweifel zu ertragen sind und ein Geselliger wird sich über seine Sachlichkeit wundern. Das aber interessiert den Analytiker nicht. Er genügt sich selbst. Das hat er bereits in Kindertagen erfahren.

Irgendwann, meist mit rund zwei Jahren, entdeckt ein Kind zum ersten Mal sein Selbstbewusstsein. Strebte es vorher danach, sich unter der Geborgenheit seiner Eltern einzukuscheln, so tritt es in diesem Alter aus der Komfortzone heraus. Es stellt sich vor den Spiegel, sieht sich in die Augen, ins Gesicht, lächelt sich zu und sagt mit einer überraschenden Stärke in der Stimme nur ein einziges Wort, das doch seine ganze Haltung in der Welt verändert: »Ich!« Neurobiologisch gesehen ist das der Moment, in dem die Gefühle eines Kindes das Stammhirn und das Zwischenhirn durchlaufen haben und nun im Großhirn ankommen sind. Das Kind hat in seiner Entwicklung einen Quantensprung gemacht: Es nimmt sich als Individuum wahr. Es erhält eine Vorstellung von seiner Rolle in der Welt. Mit dem Wort *Ich* entsteht der Eigensinn und damit eine Idee von Zukunft. Im Großhirn ist das Wissen eines Menschen verankert und zudem seine Sprache samt kreativem Denken. Dort finden sich bei einem Analytiker sehr starke Nervenbahnen. Wir dürfen davon ausgehen, dass er ein selbstbestimmtes, genügsames Kind gewesen ist, das stundenlang mit Bauklötzen Turmlandschaften baute, das mit Geduld ausprobierte, ab welchem Neigungswinkel die Türme kippten.

Entwicklungsgeschichtlich ist das Großhirn, auch Neokortex genannt, der jüngste Teil im Gehirn. Versehen mit grauen und weißen Substanzen, mit nahezu 20 Milliarden Nervenzellen, nimmt seine Komplexität stetig zu. Ich vermute, es wird noch zahlreicher Forschungsarbeiten bedürfen, um seine Vernetzung zu erfassen. Menschen mit einer hohen Prägung im Großhirn sind analytisch, planend und zukunftsorientiert. Das beschert ihnen oftmals eine gewisse Vor-Angst. Wo andere genießen, hegen sie Bedenken. Wo andere nicken, wippen sie noch mit dem Kopf, weil sie nach Zweifeln suchen.

Im Privaten wie im Beruflichen zählen sie zu den Individualisten, die oft im Stillen Großartiges leisten und doch nicht gern mit ihren Erfolgen prahlen. Ein Unternehmen wäre ohne ihre Akkuratesse kaum zu profundem Wachstum fähig, denn der Blick auf die Fakten bleibt eben in guten wie in schlechten Zeiten eine Pflichtaufgabe im Management.

Sie erkennen einen großhirndominanten Menschen an seiner bedächtigen Bewegung, seiner sachlichen Sprache, an seiner freundlichen, aber durchaus sparsamen Mimik – und an seiner Wohnungseinrichtung. Da sein Zeitgefühl in der Zukunft spielt, wird er kaum Fotos vergangener Tage an die Wände nageln. Weder Nippes aus Urlauben zieren das Vertiko noch sorgen Stoffe an den Fenstern und auf Tischen für Gemütlichkeit. Wenn er Wert auf Heimeligkeit legen sollte, dann bitte schön stylish. Wenige funktionale Möbelstücke und viel Freiraum zum Atmen – das entspricht seinem Geschmack. Ordnung ist ihm wichtig. Wenn er einem überraschenden Besuch an der Türe zuruft: »Kommt rein, aber seid nachsichtig, meine Wohnung ist nicht aufgeräumt«, dann wird dieser Besuch vielleicht ein zerknülltes Küchenhandtuch auf dem Stuhl finden. Alles andere ist an seinem Platz.

Was reduziert im Außen wirkt, hat im Inneren aber ein großes Potenzial an Gefühlen. Auch Romantik ist dem Großhirndominanten nicht fremd, nur mag er dazu keine blumigen Worte. Er entwirft vielmehr einen Plan für seine Liebe und damit beginnt sein Träumen, das bald schon den Grad der Perfektion erreicht. Überhaupt liegt sein Fokus außerhalb des Berufs auf Familie und auf einer Hand voll Freunden. Einen großen Bekanntenkreis zu pflegen ist nicht seine Art. Da ist er zu wählerisch: die Gesprächigkeit eines Geselligen kann ihn überfordern und die Spontaneität eines Machers lässt ihn zurückschrecken. Da bleibt er lieber allein, tüftelt, liest oder treibt Sport.

Tipp

Auch eingebunden in eine Familie sollte sich ein Analytiker Auszeiten gönnen: 20 Minuten am Tag gilt als unteres Limit, um sich beim Radfahren, Schwimmen oder Langstreckenlauf zu erholen. Als Lektüre in Pausen eignen sich Fachbücher oder Studien. Alles, was sein Wissen erweitert, ist für ihn attraktiv. Das mag der Grund sein, warum Analytiker gern allein durch fremde Kulturen und Kontinente reisen. Sie müssen ihre Eindrücke nicht teilen. Es geht ihnen um Wissensaspekte, weniger um gemeinsame Erinnerungen.

Zeittakt für Analytiker

Je weiter ein Analytiker sich gedanklich auf dem Zeitstrahl nach vorn bewegen kann, umso mehr findet er seine Balance. In einem Jahresrhythmus zu planen, ist für ihn zu kurz gedacht. Erst das Wirken über ein vermeintliches Projektende hinaus gibt ihm eine Zufriedenheit. Man könnte sagen, in dieser Perspektive der Vorausschau fühlt er sich wohl. Auf andere Menschen kann er durch diese Art der Konzentration introvertiert wirken. Dass er zudem persönliche Distanz hält, eine kühle Wortwahl pflegt, könnte diesen Eindruck verstärken. Ich habe oft erfahren, dass Analytiker betroffen sind, wenn sie mit ihrer Distanz schaffenden Art konfrontiert werden. Denn ihr Verhalten ruht eher auf dem Bestreben, Situationen rational zu entschlüsseln, statt sich auf Emotionen zu verlassen. Diese Hartnäckigkeit kann allerdings dazu führen, dass er sich in seiner Planung verbeißt. In diesem Falle herrscht oftmals Nervosität im Team und Stillstand im Projekt. Das kann besonders Machern Kopfschmerzen bereiten. Manchmal zu Recht. Denn eine Handlung bedarf einer Bewegung in der Gegenwart und nicht ein gedankliches Festhaken in der Zukunft!

Tipp

Wenn Sie als analytischer Manager diese Sehnsucht nach bedingungsloser Garantie in sich spüren, dann ist es hilfreich, Risiken kurz gegeneinander abzuwägen. Setzen Sie sich dazu ein Limit von 30 Minuten. Danach brechen Sie jegliche weiteren Gedankenspiele ab und fokussieren sich wieder auf Ihr Ziel. Sagen Sie sich: »Mein Qualitätslevel muss nicht in der Sphäre von 120 Prozent stattfinden.«

Im Hinblick auf eine gute Atmosphäre im Team können die folgenden drei Hinweise wichtig sein:

- Kommen Sie auf den Punkt. Ihre Kollegen wollen keine Reflexion über Details, sondern sie brauchen Ergebnisse.
- Ein Team arbeitet umso besser, je wertschätzender die Kommunikation ist. Zeigen Sie daher Interesse für die Aufgaben der anderen.
- Freuen Sie sich mit den anderen gemeinsam über ein erreichtes Ziel! Schlucken Sie Ihre Bedenken für die Dauer der Freude einfach hinunter.

Zeitinstrument für Analytiker

Wenn Sie mich fragen, welches Zeitplanungsinstrument ich einem großhirndominanten Analytiker empfehle, dann sehen Sie mich lächeln. Denn Sie sind ein vorbildlicher Manager Ihrer Zeit. Ihre Vorliebe für Details, der Zukunftsblick und das für Sie erstrebenswerte Gefühl, der Zeit eine Berechenbarkeit zu verleihen, machen Sie zu einem Virtuosen. Ich bin sicher: Sie finden Ihr passendes Instrument. Ob ein digitales Programm oder ein System auf Papier – das bleibt eine Frage des Geschmacks. Wichtig wird eines sein: der Zeit eine tabellarische und damit übersichtliche Anmutung zu geben. Ein Tabellenkalkulationsprogramm wird deshalb eines Ihrer präferierten Programme sein, auch ein Tabellenraster auf Papier kommt Ihrer Prägung nahe.

Stress- und Flowmomente der großhirndominanten Analytiker im Überblick

Ein Analytiker empfindet Stress, wenn	Ein Analytiker empfindet Flow, wenn
Geräusche ihn ablenken oder Meetings seinen Arbeitsfluss unterbrechen	er Stille während seiner Arbeit genießen kann
er Aufgaben schnell erledigen soll, weil andere ihn drängen	er seine Zeit nach der Formel 80 Prozent Planung und 20 Prozent Umsetzung einteilen kann
er spürt, dass durch knappe Zeitfenster die Qualität seiner Arbeit leidet	er einen ausgewogenen Kosten-Nutzen-Aufwand erkennt
er mit Vorwürfen konfrontiert wird, dass er Informationen zurückhält	er zuerst seine Thesen wasserdicht und unangreifbar erarbeiten kann, bevor er sie kommuniziert
Unvorhersehbarkeiten seinen entworfenen Plan durchkreuzen und ihn zu einer Änderung zwingen	alles verlässlich rund läuft und sich so entwickelt, wie er es geplant hat
Mitarbeiter und Kollegen Abgabetermine nicht einhalten oder nachlässige Arbeiten vorlegen	er sich 100-prozentig auf die Zusagen anderer verlassen kann. Das gilt sowohl für vereinbarte Fristen als auch für die Qualität der Arbeit der anderen
er in Gesprächen keine Zeit hat, seine Details zu erläutern, sondern lediglich die Präsentation des Ergebnisses erwartet wird	er Zeit hat, Informationen zu sammeln und merkt, dass die Tiefe und Dichte seiner Arbeit geschätzt wird, das erhöht seine Geschwindigkeit im Projekt

An dieser Stelle auch für die Analytiker ein paar Tipps, wie sie den persönlichen Zeittakt finden können:

Tipps zum Umgang mit dem persönlichen Zeittakt für Analytiker

- Ein Analytiker mit starker Prägung im Großhirn ist ein Vorausdenker, ein Bedenkenträger. Damit kann es sein, dass er Projekte verzögert. Wie wäre es, Sie würden sich bei unwichtigen Fakten einmal zurücklehnen und sich sagen: »Ich warte ab, wie sich diese entwickeln und konzentriere mich auf das Wesentliche?« Das gibt Ihnen eine innere Ruhe und nimmt den anderen nicht den Elan.
- Ein Analytiker zweifelt per se die Fakten der anderen an, denn der Zweifel ist eines seiner Persönlichkeitsmerkmale. Sobald Sie merken, dass Sie sich in Kleinigkeiten verlieren, sollten Sie sich die Kosten-Wirkungs-Frage stellen: Was kostet diese Detailsuche das Unternehmen und bringt es die Qualität des Projekts wirklich voran?
- Großhirndominante Führungskräfte haben eine besondere Gabe, Entwicklungen in Zahlen und Fakten darzulegen. Ihre Argumente sind oft unangreifbar, weil bestens durchdacht. Nur sollten Sie Ihre Mitarbeiter in Ihren Denkprozess mit einbeziehen. Fertigen Sie vor Ihrer Präsentation eine Zusammenfassung Ihrer Überlegungen an. Ihr Team will in der Regel Ergebnisse – bieten Sie diese.
- Sicherlich kennen Sie das: Ihr Vorgesetzter verlangt von Ihnen auf Zuruf einen Projektbericht: »Fertigen Sie bis heute Mittag einen Bericht über die Auswirkungen unserer Strategie auf das Image an, bezogen auf die letzten drei Monate.« Dabei schlägt er Ihnen aufmunternd auf die Schulter und geht zügigen Schrittes davon. Sie bleiben zurück und denken: »Bis heute Mittag? Das kann ich nicht leisten.« Spontane Überfälle dieser Art bereiten einem Analytiker Kopfschmerzen, die sich bis zur Panikattacke steigern können. Denn diese Aufgabe passt nicht zu seinem Zeittakt. Das ist eine Aufgabe für Macher, die sich in der Gegenwart wohlfühlen und die gern von dort aus zurückblicken. Für Sie als Vorausdenker bedeutet es Stress. Sie sollten deshalb für

wichtige Projekte eine stets aktualisierte Zusammenfassung in der Schublade halten. Auf Zuruf setzen Sie das aktuelle Datum ein, fügen über Copy-and-Paste den Tagesstand hinzu. Fertig.

Verplanen Sie nicht Ihr ganzes Leben. Sehen Sie manchen Momenten nicht mit Zahlen im Kopf, sondern mit einem Lächeln im Gesicht hinterher.

Literatur

Birbaumer, Niels: in: Gehirntraining. Über die Benutzung des Kopfes. Herausgegeben von Frank Schirrmacher. München: Karl Blessing 2010

Levine, Robert: Eine Landkarte der Zeit. München: Piper, 19. Auflage 2015

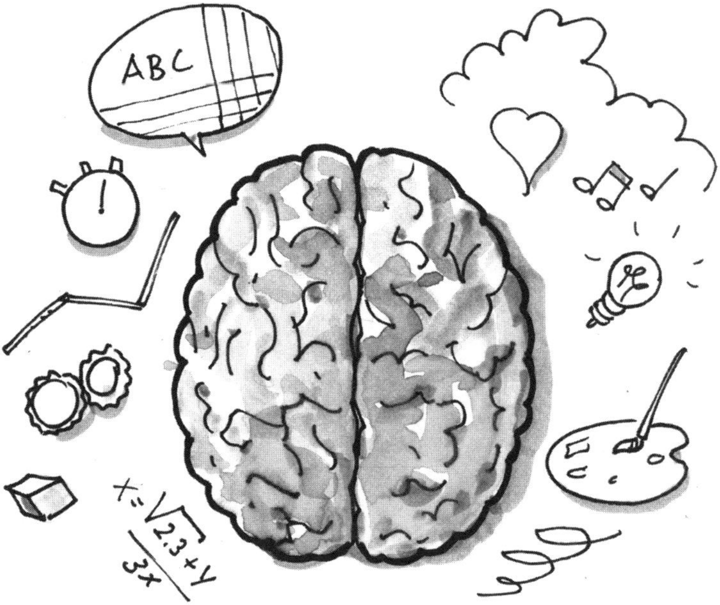
ABC

Kapitel 6
Selbst- und Zeitmanagement anders gedacht

»Ich bin genauso stolz auf das, was wir nicht machen, wie auf das, was wir machen.«

Steve Jobs

Die Kunst, sich Ziele zu setzen

Sie stehen morgens auf, um erfolgreich zu sein. Den Grad des Erfolgs messen Sie an guten Kennzahlen. Es ist Ihre Aufgabe, die Mitarbeiter zu motivieren und Projekte voranzubringen. Dafür setzen Sie sich Ziele, dafür streben Sie auf Ihrem Zeitstrahl immerzu nach vorn. Die Geschwindigkeit wird von Ihrem Temperament abhängen – die Absicht aber ist für Gesellige, Macher und Analytiker stets gleich: Sie wollen den Erfolg.

Diese Absicht dringt bis in die Zellen vor, beeinflusst Ihr Denken und Handeln. Bereits vor dem Aufstehen rattern Ihre Termine im Kopf. Was wird er bringen, dieser neue Tag? Ein Lächeln huscht über Ihr Gesicht, weil Sie ahnen, dass Sie gerade heute ein Zielband niederreißen. Die Chancen sind groß, dass der Lieferant zu Ihren Konditionen unterschreibt. Bis tief in die Nacht haben Sie verhandelt. Trotz weniger Stunden Schlaf fühlen Sie sich fit. Raus aus den Federn. Kreislauf stärken mit zwei Espressi. Der Tag beginnt, die Verantwortung ruft. Aber mitten in Ihren Elan mischt sich ein Zweifel. Wenn Sie ehrlich sind, dann läuft zwar im Beruf alles rund, das Private aber bröckelt. Kann es sein, dass der Preis für den beruflichen Erfolg zu hoch ist? Auch heute wird es wieder spät im Büro. Die Kinder werden schon schlafen, wenn Sie nach Hause kommen. Die Verabredung mit Freunden werden Sie wieder einmal absagen. Auch Ihre Mutter haben Sie lange nicht mehr besucht. Sie würden gern im Park joggen, ein Buch lesen, Musik hören, bei einem Wein dem Sonnenuntergang zusehen. Sie würden gern mit Ihrer Frau wieder Pläne schmieden, so wie früher. Früher, da gab es noch Tagträume in Ihrem Leben.

Das ist heute anders. Ihr Tag ist getaktet ohne Zeitfenster für Privates, geschweige für Träume. Selbst abends beschäftigen Sie sich mit Ihren Projekten, Sie nehmen die Unterlagen sogar mit ins Bett, um noch einmal die Maßnahmen zu checken, irgendwann schlafen Sie mit diesen Blättern und Projektgedanken ein. Wenn Sie ehrlich sind, dann empfinden Sie seit Längerem bereits ein

Störgefühl – jetzt hören Sie hin und was Sie hören, gefällt Ihnen nicht: Sie sind zwar erfolgreich, aber nicht zufrieden. Da klingelt der Wecker ein zweites Mal. »Keine Zeit für trübe Gedanken, damit hat noch niemand seine Karriere vorangetrieben. Ziele erfüllt man durch Disziplin und Fleiß.« Mit diesen Worten holen Sie sich Ihr Lächeln zurück.

Das ist nach den Gesetzen der Zeitplanung richtig: Sie müssen nach vorn streben, selbst wenn es anstrengend scheint. Erfolg ist niemals ein Geschenk, sondern verbunden mit Arbeit, Entscheidung und Konsequenz. Dranbleiben, festbeißen, stur sein, das sind die Prämissen vor dem Erfolg – so steht es in gängigen Managementbüchern geschrieben. Privates schieben wir deshalb gern zur Seite und denken meist: Wenn dieses Projekt gelingt, dann folgt Entspannung! Sie wissen jedoch genauso gut, wie ich es weiß – dem aktuellen Ziel folgt ein nächstes und ein nächstes und das Verschieben von privaten Freuden wird zur Gewohnheit. Würden Sie Ihr Störgefühl öfter betrachten, so würden Sie sich eingestehen, dass etwas in Ihrem Leben ruckelt, dass Sie gerade dabei sind, das gute Gefühl für Ihren Erfolg zu verlieren.

Keine Blaupause für Erfolg

Sie können eintausend Menschen fragen, was für sie Erfolg bedeutet – und Sie werden eintausend verschiedene Antworten erhalten. Es gibt keine Blaupause für Erfolg. Wenn das so einfach wäre, dann gäbe es kein Scheitern. Unternehmer würden Steve Jobs und Künstler würden Gerhard Richter imitieren – und schon wären ihnen Kreativität, Anerkennung und Millionen sicher. Wir wissen, dass das nicht funktioniert. Und doch können wir uns von wirklich erfolgreichen Menschen inspirieren lassen. Wir können ihre Leidenschaft für ihre Ziele erkennen, ihre Sturheit, Ausdauer, Demut, ihren Glauben an sich selbst bewundern. Sehen Sie einmal den hundert erfolgreichsten lebenden Künstlern in die Augen, wenn sie von ihren Zielen reden: Die Augen leuchten! (Eine Liste dieser Künstler finden Sie unter: http://www.capital.de/themen/die-100-groessten-lebenden-kuenstler.html)

So wage ich es, Ihnen ein Rezept für Erfolg zu nennen:

Sobald die Linie zwischen Bauch, Herz und Verstand mit der Zielgeraden übereinstimmt, wird ein Ziel attraktiv.

In einem Interview zu seiner Publikation »Im Dschungel der Zeit« erklärte der Gehirnforscher Ernst Pöppel auf die Frage, wie ein Mensch seine eigenen Konzepte finden könne: »[...] man muss sich so anstrengen, dass man das Beste aus sich herausholt und eine wirkliche Kompetenz erwirbt. Damit erwirbt man auch Selbstvertrauen und einen gewissen Stolz: Das kann ich; da macht mir keiner was vor« (Widmann 2015). – Wann haben Sie sich das letzte Mal gefragt, ob Ihre Ziele zu Ihnen passen?

Menschen mit Zielen, die ihnen persönlich wichtig sind, zeigen eine Leistung, die andere nur mit einem Kopfschütteln quittieren: »Das würde ich niemals durchhalten.« Würden Sie doch! Wenn dieses Ziel für Sie persönlich eine Bedeutung hätte. Dann kann eine Nachwuchsmanagerin mit hohem Macheranteil wie nebenher ihre Doktorarbeit schreiben – weil sie mit diesem Titel Anerkennung verbindet. Dann kann ein geselliger Geschäftsführer zusätzlich den Aufbau eines Tochterunternehmens verantworten, weil er weiß, dass er die Arbeitsplätze seiner Mitarbeiter sichert. Dann kann eine Analytikerin, alleinerziehende Mutter von zwei Kindern, trotz Ganztagsjob noch ein Abendstudium absolvieren, weil sie sich dadurch eine finanziell sichere Zukunft erhofft. Die Motivationen für Höchstleistungen sind unterschiedlich, aber immer steht eine persönliche Hoffnung auf ein besseres Leben dahinter – oder ein Traum, dessen Zeit für Verwirklichung gekommen ist.

Als ich mich entschied, dieses Buch zu schreiben, da habe ich mir zunächst meinen Zeitplan angesehen. Vordergründig war für dieses Projekt kein Zeitfenster offen. Aber in mir entstand ein gutes Gefühl, als ich mir vorstellte, meine Leser für den Faktor Zeit im Leben zu sensibilisieren. Zu oft schon habe ich erfahren, wie Karrieren mangels Zeitplanung in einer Sackgasse landeten. Oder wie Männer und Frauen imposante Ziele erreichten, einzig weil sie ihren Zeittakt beachteten. Ich fand, die Zeit war reif, dem Selbstmanagement einen persönlichen Charakter zu geben, der die Erkenntnisse der Gehirnforschung berücksichtigt.

Nach dem Structogram habe ich hohe Macheranteile, liebe also die Herausforderungen und fühle mich wohl, wenn ich kreativ arbeiten kann. Ich reagiere gern auf unvorhersehbare Situationen mit Ad-hoc-Lösungen. Mein Tempo ist hoch und meine Neigung zu parallelen Projekten ebenso. Allerdings weiß ich auch um meine analytischen Anteile und auf diese habe ich mich während der Schreibphase zum Buch verlassen. Ich habe dem Detaildenken mehr Raum gegeben, habe das Zukunftsdenken aktiviert, mich Zeile für Zeile dem Schlusspunkt entgegengeschrieben und geriet dabei so manches Mal in einen Flow. Dafür habe ich andere Aufgaben zurückgestellt und es sollte mich später wundern, dass sie mir nicht mehr wichtig waren. Wovon ich mich ebenso trennte, das war der Anspruch, in der Schreibzeit meinen privaten Aktivitäten nachgehen zu können, wie ich es gewohnt bin. Diese geselligen Anteile in mir verblassten, obwohl ich sie sonst mit Freude pflege. Aber mit einer Erklärung zum Anfang dieses Projekts und dem Versprechen an Familie und Freunde, dass ich mich nur für wenige Monate zurückziehen und doch zu vereinbarten Zeiten ansprechbar sein würde, erhielt ich den Segen der Menschen, die mir am Herzen liegen. Das gute Gefühl in mir bestätigte: Wer wirklich, wirklich ein persönliches Ziel erreichen will, der wird das Flatterband am Ende des Weges mit Freude durchlaufen, um danach seinen eigenen Takt wiederzufinden.

Geben Sie Ihre Ziele nicht auf, nur weil der erste Impuls sendet: »Dazu habe ich keine Zeit.« Sehen Sie daher noch einmal genauer hin.

Fragen Sie sich:

- Welche Aufgaben kann ich für eine Weile zurückstellen?
- Welche Persönlichkeitsanteile schlummern in mir neben dem dominanten Anteil?
- Wie müsste ich meinen Zeittakt punktuell ändern, um mein Ziel zu erreichen?

Vom Traum zum Ziel

Das Verwirklichen eines Traums kann in Menschen überraschendes Potenzial freilegen. Plötzlich richtet sich der Blick nicht mehr auf die Ressourcen und deren Erschöpfbarkeit, sondern der Perspektivenwechsel wird eingeleitet durch Fragen wie: Wie kann ich mein Talent dehnen, hochschrauben, wie kann ich über mich hinauswachsen? Wie kann ich das Beste, zu dem ich fähig bin, in diese Welt holen?

Sie dürfen davon ausgehen, dass Ihr Traum immer zu Ihnen passt, er würde sonst nicht gedanklich reifen und nach außen drängen. Und doch möchte ich Sie ermutigen, seine Verwirklichung ebenso sachlich zu planen, wie Sie das täglich in Ihren Projekten praktizieren. Dort entwickeln Sie Ziele, die Sie auf Konsequenzen checken. Sie skalieren, messen, bewerten Ihr Ziel und es kann sogar geschehen, dass Sie es verändern oder gänzlich von Ihrer Agenda streichen. Bedenken Sie: Die Verwirklichung eines Traums kostet Zeit – Ihre Lebenszeit. Bevor Sie sich also auf den Weg machen, hoffend, unterwegs eine tiefe Zufriedenheit zu erfahren und auch kleine Sequenzen von Glück, sollten Sie mit einem spitzen Bleistift eine Kosten-Nutzen-Analyse anfertigen. Keine Angst, damit durchstreichen Sie den Zauber nicht. Sie stellen lediglich die Kosten – Ihre Energie – dem Nutzen – Ihrem guten Gefühl – gegenüber. Beides sollte in Balance sein. Alles andere würde Sie verstimmen und am Ende erschöpfen. In der Rückbetrachtung schleicht sich dann der Zweifel ein, ob sich dieser Weg wirklich für Sie persönlich gelohnt hat. Wenn nach dieser Sachlichkeit noch immer das Feuer in Ihnen brennt – legen Sie los! Wenn nicht, dann sollte ein Traum bleiben, was er ist: ein Thema für die Fantasie.

Was nutzen der Wind in den Haaren und das Jubeln vor Glück, wenn Sie auf das Gaspedal Ihres neuen tiefschwarzglänzenden Sportwagen drücken und mit diesem Glücksgefühl die Pleite einleiten? Glück ist nur eine intensive Momentaufnahme, erzeugt durch die Aktivierung der dopaminergen Systeme im Gehirn. Wir baden geradezu in sinnlichen Gefühlen, können uns für die Dauer der Gleichzeitigkeit, nämlich für drei Sekunden, kaum vorstellen, dass dieser Überschwang jemals wieder endet. Aber die Zeit fließt weiter, durch das Glück hindurch. Die Realität holt uns immer ein. Wie bereits angemerkt: drei Sekunden für ein Glücksgefühl. Vorbei. Alles eine Sache der Chronologie. Wie wäre es, Sie würden das Glück als Sahnetupfer im Leben betrachten und Ihre Aufmerksamkeit auf einen anderen Gefühlszustand richten? Diesen Zustand, den ich meine, den können Sie planen und erarbeiten, der ist nicht flüchtig, sondern eignet sich bestens für Ihr Langzeitgedächtnis: Es ist die bereits erwähnte Zufriedenheit – Ihre Zufriedenheit. Die locken Sie hervor, indem Sie die beruflichen und die privaten Ziele in Einklang bringen und darüber hinaus die Konsequenzen errechnen.

Bevor Sie sich also für einen Weg entscheiden und damit eine Zielmarke auf Ihren Lebensweg setzen, sollten Sie sich fragen:

- Sind meine Motive und Werte mit dem angestrebten Ziel im Einklang?
- Wenn das Ziel erreicht ist, was wird sich in meinem Leben ändern?
- Will ich diese Veränderung und wird sie zu meiner Zufriedenheit beitragen?

Diese Antworten werden Ihnen Klarheit im Hinblick auf Ihre Ziele geben. Sie werden Ihnen sogar spiegeln, ob Sie einem Traumphantom hinterherjagen oder ob ein Traum die Substanz eines attraktiven Ziels mit messbarem Erfolg hat.

Von der Verlangsamung der Gehirnwellen

Ob aus Träumen Ziele werden, hängt von zwei Aspekten ab:

- erstens von Ihrer Fähigkeit, sich zu entspannen und
- zweitens von Ihrer Kreativität.

Vielleicht wenden Sie nun ein, dass Sie mit dem Aufwachen Ihre Träume vergessen. Das mag sein. Vielen Menschen geht es so. Wie am Anfang dieses Kapitels erzählt, beschäftigen Sie sich bereits beim Klingeln des Weckers mit den Pflichten des Tages. Welche Termine sind wichtig? Welche Aufgaben dürfen nicht verschoben werden? Welches Problem muss gelöst werden? Greift die Strategie? Wie berichtet die Presse über die gestrige Konferenz?

Damit richten Sie die Areale für Aufmerksamkeit im Cortex auf die Realität. Jene Bilder der Nacht, zusammengesetzt aus Stimmungen, Gefühlen und Fakten, sind damit unwiederbringlich aus dem Bewusstsein verschwunden. Schade, denn in diesen Träumen gab es Spuren zu jenen Wünschen, die Sie tagsüber nicht erkennen können. Tagsüber nämlich schwingt Ihr Gehirn in den hohen Amplituden der Betawellen. Diese Schwingungen ermöglichen Ihnen, aufmerksam und leistungsbereit zu sein. In Falle von Stress und höchster Konzentration werden sich Ihre Gehirnwellen sogar bis in den Gammabereich von 38 Hertz steigern. Besonders Analytiker – meist Forscher und Entwickler – generieren diese Steigerung und halten Sie stundenlang durch! Kein Wunder also, dass sich die Anspannung bis zum Abend ins Gesicht eingräbt. Ich hoffe, Sie sorgen zumindest am Abend für Ihre Muße.

Bereits mit dem Schweifen der Gedanken bringen Sie sich und Ihr Gehirn in einen entspannten Zustand, der uns erlaubt, stärker auf die unbewussten Informationen im Gehirn zurückzugreifen. Unabhängig von Ihrem Persönlichkeitstyp sollten Sie sich dafür 15 Minuten am Tag reservieren. Tragen Sie für dieses kleine Zeitfenster die Begriffe »Zeit für Tagträume« oder »Zeit für Kreativität« in

Ihren Kalender ein. Denken Sie in dieser Zeit an: Nichts. Keine Vorgabe. Keine Ziele. Aber mit der vagen Hoffnung auf Gedankenblitze.

»Gedankenblitze lassen sich nicht durch den Willen erzwingen – darin stimmen alle Zeugnisse überein. Sie entspringen vielmehr dem Verzicht auf den Willen, ob der Verzicht nun seinerseits durch Willenskraft, durch ablenkende Eindrücke, durch eine ermüdende Tätigkeit oder durch Schlaf herbeigeführt wird.« Das schreibt die Publizistin Judith Klein in einem Essay und erinnert an die überlieferte Geschichte des Naturforschers Issac Newton: »Es heißt, die Idee zum Gravitationsgesetz, das die gegenseitige Anziehung von massebehafteten Körpern – sei es auf der Erde, sei es im Universum – beschreibt und berechnet, sei ihm gekommen, als er einen Apfel vom Baum fallen sah« (Klein 2012). Aus einer Entspannung kann Großartiges entstehen, bestenfalls eine Lösung für ein lange gehegtes Problem.

Kreativität kann sich nur entfalten, wenn wir die hohe Schwingung der Deltawellen im Gehirn verlangsamen. Auf dieser Idee sind sämtliche Kreativitätsmethoden aufgebaut: Innehalten, Gedankenbilder zeichnen, Spontaneität zulassen. Eine Methode, die ich gerne empfehle, ist das Mindmapping. Es vereint sowohl spielerische als auch zielgerichtete Aspekte. Am Ende werden Sie erkennen, ob ein Traum reif ist, um ihn in Ihre aktuelle Situation einzugliedern – oder Sie ihn noch im Verborgenen halten sollten.

Mindmapping anlegen

- Zeichnen Sie in die Mitte eines Flipchartblattes eine Wolke und schreiben Sie Ihren Traum hinein. Auf meinem Blatt stand das Wort Buch.
- Schreiben Sie blitzschnell, ohne zu reflektieren, weitere Begriffe um diese Wolke, die Ihnen zu Ihrem Thema einfallen. Ich notierte Begriffe wie: Recherche, 200 Seiten, viel Arbeit, viel Freude, Zeitknappheit, Gespräche, Interviews, beeindruckende Erkenntnisse, persönliches Wachsen, Durchhalten, Zweifel besiegen, Stolz empfinden, Autorin sein. Ich malte ein Cover, meinen voraussichtlichen Leser, ein Herz

für den Stolz am Datum der Verlagsabgabe, einen Vollmond für durcharbeitete Nächte, fünf Sterne für den Bucherfolg.

- Umkreisen Sie diese Worte und Zeichnungen, fügen Sie Unterbegriffe hinzu, verbinden Sie, was thematisch zusammengehört mit Linien. So entsteht Ihr Ideennetz.

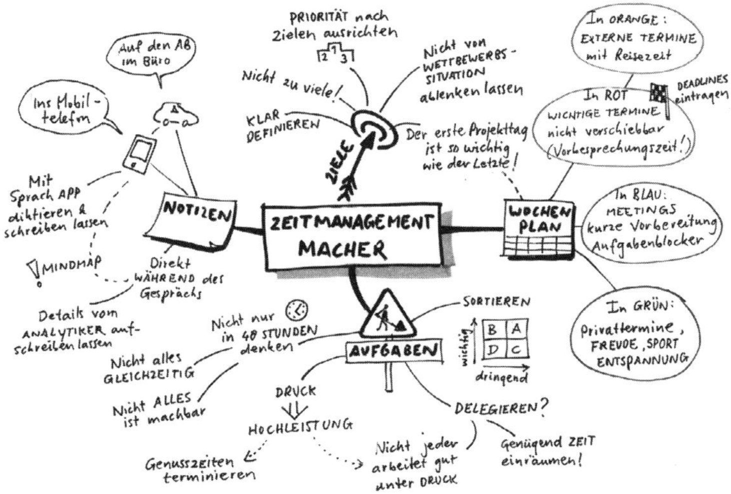

Sobald Sie während des Mindmappings einen Schreibimpuls spüren, geben Sie ihm nach. Sie werden sich wundern, wie leicht Ihnen dieses Schreiben eines Konzepts zur Idee fällt, wie fließend die Gedanken auf dem Papier landen. Formulieren Sie am Ende Ihr Ziel nach den SMART-Regeln:

- Spezifisch
- Messbar
- Akzeptiert
- Realistisch
- Terminiert

Und: Nehmen Sie dabei Ihr gutes Gefühl wahr. Das gute Gefühl klingt wie Ihre Basisnote für alles, was nun folgt. Mit diesem guten Gefühl kann es sogar gelingen, den eigenen angeborenen Zeittakt für eine gewisse Dauer zu verlassen.

Was die Persönlichkeit färbt

Wir tragen verschiedene Anteile in uns. Ein Manager mit einem hohen Macheranteil kann in seiner zweiten Komponente ein Geselliger sein. Und ein Analytiker kann seine Umwelt mit hohen Macheranteilen überraschen. Mit diesem Wissen können wir unser Spannungsfeld der Möglichkeiten enorm erweitern. Mehr noch: Wir können für einen begrenzten Zeitraum sogar die dominanten Anteile vernachlässigen und die Zweit- oder Drittkomponente stärken. Das Gehirn ist in der Lage, für einen begrenzten Zeitraum von rund zwei Jahren gegen das angeborene Temperament zu arbeiten. Es verfügt über diese Flexibilität. Das bedeutet konkret: Wir können, um ein wichtiges Ziel zu erreichen, gegen den persönlichen Takt arbeiten!

Was aber geschieht, wenn diese Zweijahresfrist sich ausdehnt, weil die äußeren Umstände das verlangen? Eine berufstätige, alleinerziehende Mutter wird vielleicht an dieser Stelle die Mundwinkel nach unten ziehen und entgegnen, ihre Kinder seien auch in zwei Jahren noch klein und an ihrem straffen Zeitplan werde sich nichts ändern. Ein Unternehmer, der in eine Krise geraten ist und versucht, eine Insolvenz abzuwenden und Arbeitsplätze zu retten, der befindet sich ebenso in einem Ausnahmezustand, nicht wissend, wie lange dieser anhält. Es gibt Phasen im Leben, da hilft keine 08/15-Lösung. Die Zeitknappheit lässt sich nicht wegdenken. Selbst perfekte Zeitinstrumente, fein abgestimmt auf Ihren Persönlichkeitstyp, können mitunter stumpf werden. Und doch ist eine Zeitplanung unerlässlich, um Ihre Selbstbestimmung in Stress- und Krisenphasen nicht aufzugeben.

Sobald Sie erste Anzeichen einer zeitlichen Überlastung an sich erkennen, müssen Sie reagieren und Ihren Plan luftiger gestalten! Diese Zeichen sind das diffuse Gefühl, der Zeit hinterherzulaufen. Sie sprechen temporeicher als gewohnt, verschlucken sogar die Endungen der Worte. Sie lassen andere nicht ausreden, sondern fallen ihnen ins Wort, Sie stellen Fragen, aber warten die Antwort nicht ab, hoffend, ein wenig Zeit zu sparen. Sie sind atemlos. Nehmen Sie das ernst. Setzen Sie sich keine neuen Ziele. Es ist vielmehr ratsam, zu streichen, was im Job nicht wichtig und dringlich ist. Im Privaten sollten Sie umorganisieren. Sie brauchen als alleinerziehende, berufstätige Mutter die Unterstützung von Nachbarn, Familie oder Freunden. Als Unternehmer in der Krise brauchen Sie einen Profi, der sie berät und unterstützt. Denn in Überlastungsphasen verzerrt sich unser Blick für das Wesentliche, wir wollen panisch abarbeiten, was auf dem Stapel zu erledigender Dinge ruht, aber das ist falsch. Das erhöht Druck und Sorge. Erinnern Sie sich an das Modell der Balance (s. S. 66)? Mit diesem Modell habe ich angeregt, Ihr Leben ganzheitlich zu betrachten. Alles andere bringt Ihr Lebenskonzept auf Dauer zum Kippen. Schließen Sie die Augen und stellen sich Ihr Leben wie ein Floß vor, von vier Fässern getragen.

Eines dieser Fässer steht für die Familie, das zweite für den Job, das dritte für die Gesundheit und das vierte für Soziales und Freunde – so wie in meinem Modell der Balance beschrieben. Es mag sein, dass Ihr Floß als alleinerziehende Mutter zurzeit auf einer stürmischen, rauen See schwimmt. Doch solange jedes einzelne der Fässer funktionstüchtig ist, werden Sie nicht untergehen. Sie werden diese Herausforderung bewältigen. Doch sobald eines der Fässer einen Riss erhält und sich mit Wasser füllt, werden Sie kippen. Um die Balance zu halten, kann es sein, dass Sie Entscheidungen fällen müssen, die zunächst unbequem sind, sich später aber als rettend erweisen.

Der Aha-Effekt

Ich erinnere mich gut an eine junge Managerin, die die Hektik im Job sehr gut verkraftete, die vorbildlich ihr Zeitmanagement organisierte. Privat hatte sie sich einen Ausgleich geschaffen, indem sie aufs Land zog. Dort, so war damals ihre Annahme, würden sie und ihr neunjähriger Sohn gemeinsame Stunden in der Natur verbringen.
Kein Straßenlärm, keine schlechte Luft, nur Idylle. Als sie zu mir kam, wohnte sie bereits seit zwei Jahren in diesem kleinen 300-Seelen-Ort – und wurde zunehmend unzufriedener. Obwohl sie das Gefühl hatte, in dieser Einsamkeit tickten die Uhren tatsächlich langsamer, kam sie mit ihrer Zeit nicht mehr klar. Denn mit dem Schulwechsel ihres Sohnes auf ein Gymnasium lautete ihre Aufgabe, den Sohn täglich vor dem Job 15 Kilometer zur Schule zu fahren, um ihn nachmittags um 16:00 Uhr wieder abzuholen. Denn in dem kleinen Ort gab es weder ein Gymnasium, noch fuhr ein Schulbus in die Stadt. Seine Freunde aus der Grundschule wählten genau aus diesem Grund die Realschule im Nachbardorf – das aber kam für die junge Managerin nicht in Frage. Sie entrüstete sich: »Ich kann doch die Intelligenz meines Kindes nicht verkümmern lassen, nur weil die Gemeinde keinen Schulbus organisiert!« Das fand ich auch. Aber auf der anderen Seite war offensichtlich, wie sehr sie unter Zeitdruck

litt. Entweder würde sie ihre Prioritäten verschieben müssen, Projekte streichen, Arbeitszeit reduzieren oder zweimal täglich einen Fahrdienst beauftragen. »Nein, das möchte ich nicht!«, lautete ihre kurze Antwort. Meine erste Aufgabe für sie war, vier Wochen lang ein Zeittagebuch zu führen. Sie sollte minutengenau eintragen, wofür sie ihre Zeit hergegeben hatte. Das erledigte sie vorbildlich, was für eine Macherin nicht unbedingt typisch ist. Oftmals beenden zwischenhirndominante Klienten das akribische Schreiben bereits nach einer Woche, denn weder das detailgenaue Planen noch der rückwärtige Blick auf den Zeitstrahl entsprechen ihrem Naturell. Als wir uns wiedertrafen, um gemeinsam die Aufzeichnungen auszuwerten, wurde klar: Sie würde ihr Ziel, dass ihr Sohn das Gymnasium besuchen sollte, von ihrem Wohnort aus nicht organisieren können. Dieses Ergebnis, schwarz auf weiß, quittierte sie lächelnd: »Dann sollte ich umziehen?«

Die Managerin hat ihre Idee vom Umzug innerhalb eines Monats umgesetzt. Eine eher gefühlsbetonte Gesellige hätte mehr Zeit benötigt, um diese Entscheidung zu treffen, weil sie sich nicht derart pragmatisch von ihren Gewohnheiten verabschieden könnte. Ihr wären die Beziehungen zu Nachbarn wichtig gewesen, höchstwahrscheinlich hätte sich sogar jemand bereit erklärt, den Sohn täglich zu fahren. Eine analytische Managerin wäre mit kleinem Kind erst gar nicht aufs Land gezogen, weil sie genau diese Probleme vorhergesehen hätte. Sie hätte ihr Störgefühl schon viel früher gespürt und bei ihrem Forscherdrang identifiziert, bevor es zur Wirklichkeit geworden wäre.

Terminplaner kreativ nutzen

Ein Terminplaner, der sich von der Gegenwart in die Zukunft aufblättert, erlaubt Ihnen gleichfalls den Blick in die Vergangenheit. Sie organisieren nicht nur Ihren heutigen Tag, sondern bündeln gleichzeitig Ihre Gedanken auf die gelebte Zeit, um zu erkennen, was gut und was weniger gut gelaufen ist. Sie erkennen, warum Sie Entscheidungen hinauszögern oder hinausgezögert haben. Sie identifizieren Ihre Störgefühle und finden oftmals überraschende neue Lösungen für die Gegenwart und die Zukunft. So nutzen Sie Ihre Kompetenz, um aus Ihren Erfahrungen schöpfen zu können:

- Benutzen Sie für jeden Tag eine neue Seite und versehen Sie diese mit Datum und mit Stundentakt.
- Schreiben Sie regelmäßig auf, was Sie leisten werden.
- Halten Sie sich an feste Zeiten für Ihre Aufzeichnungen.
- Versehen Sie diese Tätigkeiten mit emotionalen Symbolen, wie zum Beispiel Emoticons oder je nach Fähigkeit mit Zeichnungen, die Sie während des Tages aufmuntern.
- Tragen Sie in dieses Buch ebenso die Zeiten ein, in denen Sie über ein Problem grübeln oder in denen Sie über Ideen nachdenken.
- Notieren Sie ebenso Ihre Ziele und Träume.

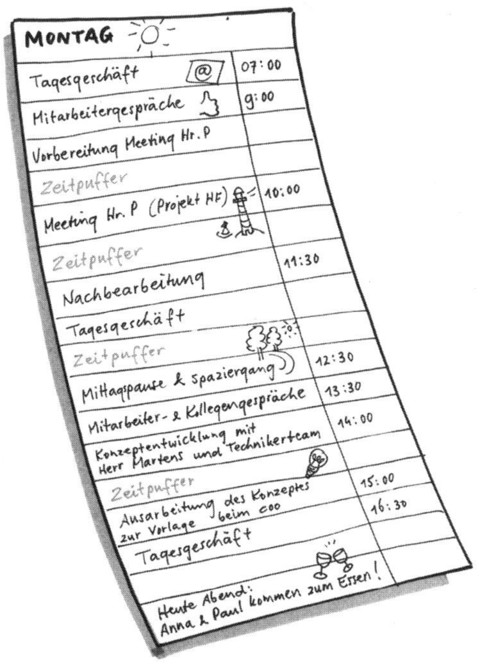

Das Arbeiten mit einem Zeittagebuch wird den Geselligen gefallen, denn sie sehen gerne in die Vergangenheit, vergleichen Neues mit bereits Erlebtem. Den Machern unter ihnen verlangt diese Aufgabe eine gehörige Portion Disziplin ab, denn sie stehen auf dem Standpunkt: Was gestern war, das ist vorbei. Die Gegenwart zählt. Halten Sie sich an dem Gedanken fest, dass Sie durch den Rückblick inspirierende Einsichten für die Gegenwart gewinnen können und daran wachsen werden. Besonders die Analytiker möchte ich dafür inspirieren, den Zukunftsblick zu lockern und sich umzudrehen, um die Spuren zu sehen, die Sie täglich hinterlassen.

Internetlinks

Klein, Judith: Der Geistesblitz: Zum Phänomen der plötzlichen Erkenntnis (2/2). 28.05.2012: http://www.deutschlandfunk.de/der-geistesblitz-zum-phaenomen-der-ploetzlichen-erkenntnis.1184.de.html?dram:article_id=207003 [15.09.2016]

Top-100-Ranking der lebenden Künstler: http://www.capital.de/themen/die-100-groessten-lebenden-kuenstler.html [15.09.2016]

Widmann, Arno: Psychologe Ernst Pöppel: Ihr müsst versuchen, die Besten zu sein. Berliner Zeitung. 17.04.2015: http://www.berliner-zeitung.de/wissen/psychologe-ernst-poeppel-ihr-muesst-versuchen-die-besten-zu-sein-985314 [15.09.2016]

MA
M
Mg
Gm
G
Ga
Ag
A
Am

Kapitel 7
Die Kraft des Teams

»Du gewinnst nie allein. An dem Tag, an dem du was anderes glaubst, fängst du an zu verlieren.«

Mika Häkkinen

Zauberformel: »Wir«

Ein Unternehmenserfolg wächst mit der Leistung der Teams. Nie erschien dieser Satz nachdrücklicher als heute. In digitalen Zeiten, in denen Prozesse komplexer werden, in denen die Kommunikationskanäle feingliedrig verlaufen und disruptive Angriffe auf Produktion, Handel und Dienstleistung gleichermaßen drohen, kann kein Manager ohne sein Team bestehen. Vorbei sind die Zeiten, in denen ein Chef die Vorgaben formulierte und die anderen nickend folgten. Dieses autoritäre, patriarchische Gebaren ist ähnlich verstaubt wie die Reservierungsschilder für die Dienstwagen der Geschäftsführung nahe dem Unternehmenstor.

Sachverstand im Team zählt heute mehr als alte Machtsymbole. Die Frage »Wo wollen wir in fünf Jahren stehen?« hat keine Relevanz mehr. Für viele führt diese Einsicht zu einer Veränderung der Organisationsstruktur, zu einem Wirken in kurzfristigen Projekten. Das ist gut und entspricht der digitalen Moderne. Aber Achtung: Veränderungen bergen einen hohen Unsicherheitsfaktor für Ihre Mitarbeiter. Je nach Persönlichkeitsstruktur kann dieser sich zu einer Verweigerungshaltung steigern. Was ein Macher als Chance zum Brillieren begreift, führt bei einem Geselligen zur Verlustangst. Ein Analytiker möchte die Änderungen erst prüfen, bevor er sie akzeptiert. Diesen unterschiedlichen Haltungen liegt der jeweilige angeborene Zeittakt zugrunde und es wäre zielführend, würden Sie diesen bei Ihren Teammitgliedern erst einmal identifizieren und gemeinsam besprechen, bevor Sie einen Wechsel einleiten. So besteht aus meiner Sicht ein zukunftsorientiertes Management aus einem schlichten Wort: *Wir.*

Mit diesen drei Buchstaben beginnt die Leistungsfähigkeit eines Teams, weil dieser Gedanke den Samen für jegliche Zusammenarbeit legt. Er wird reifen und aufblühen, je mehr Sie dieses *Wir* als die Summe der Stärken betrachten, die jeder Mitarbeiter einbringt. Der renommierte Wissenschaftler Kenneth Blanchard empfiehlt in seinem Bestseller »Der Minuten-Manager« Folgendes:

»Das Symbol des Ein-Minuten-Managers – die Ein-Minuten-Anzeige einer modernen Digitaluhr – soll uns daran erinnern, dass wir uns jeden Tag eine Minute die Zeit nehmen, um unseren Mitarbeitern ins Gesicht zu schauen und uns bewusst zu machen, dass sie das Wertvollste sind, was wir haben« (Blanchard 2015, S. 5). Richtig: Der Blick in die Augen zeugt von Aufmerksamkeit: Ich sehe dich! Ich kenne deine Stärken, Eigenheiten, Schwächen! Ich schätze dich! Damit erzeugen Sie ein angenehmes Grundrauschen, sowohl in der Teambildungsphase als auch in einer bestehenden Gruppe. Sie geben dem Wirgefühl eine persönliche Note.

Ein Ziel gemeinsam zu erreichen kann ein großartiges Gefühl sein, weil die Freude geteilt wird und sich potenziert. Wenn die Mitarbeiter retrospektiv die Hürden betrachten, erkennen sie, wie sie sich gegenseitig geschützt und gesichert haben, solch eine Erkenntnis tut schlichtweg der Seele gut. Allerdings – und das ist die andere Seite der Teammedaille – kann es auf dem Weg zu Streit und Konflikten kommen.

Beugen Sie vor, indem Sie frühzeitig ein gegenseitiges Verständnis für die Stärken und Schwächen erbitten, denn Toleranz gehört ebenfalls zu einem guten Spirit im Team.

Dann wird niemand heimlich die Augen verdrehen, wenn ein Macher im Meeting nach vorn springt, um seine Strategie mit Verve darzubieten. Das Team wird zuhören, weil es weiß: Der Macher braucht diesen Auftritt für sein Ego. Ein Geselliger wird Anerkennung finden, weil er für eine gute Stimmung sorgt, weil ihm das Wohl eines jeden Einzelnen am Herzen liegt. Gesellige sind die Kümmerer im Team, die Seismologen für sich anbahnende Probleme. Jeder Manager ist gut beraten, auf deren Empfindlichkeiten zu hören. Fragen Sie einen Geselligen nach seiner Einschätzung und Sie werden lange bevor ein Konflikt eintritt, einen Hinweis erhalten. Das Team wird bei entsprechender Erklärung den Rückzug eines Analytikers nicht persönlich nehmen, sondern ihn als Notwendigkeit für ein Weiterdenken registrieren und ihn unterstützen.

Als Führungskraft die Empathie zu schulen, das ist ein Basic ähnlich wie die regelmäßige Kontrolle der Bankauszüge: Sie vermeiden ein Saldo, in diesem Falle ein Saldo an Gefühlen. Dann kann es nicht passieren, dass ein Macher nervös oder aggressiv auf Ihre Vorschläge reagiert, dass ein Analytiker Ihnen unverhofft die Kündigung auf den Tisch knallt oder ein Geselliger sich andere Kanäle für seine Fürsorglichkeit sucht, zum Beispiel in Vereinen außerhalb des Unternehmens. Zwar dürfen Sie davon ausgehen, dass jeder im Team den Erfolg anstrebt, dennoch sollten Sie vor dem Start Ihres Projekts sich über mögliche Hindernisse klar werden, um nicht am Ende ein Scheitern zu riskieren.

Ich möchte Ihnen deshalb für das Bilden und Führen eines Teams folgende Schritte empfehlen:

Drei Schritte zum guten Team

- Fertigen Sie in einer Reflexion in Stille eine Zeittaktanalyse Ihrer einzelnen Mitarbeiter an. (Sie können dazu die Teammitglieder vorher bitten, die Zeitstrukturanalyse ab Seite 69 zu machen. Oder Sie betrachten Ihre Mitarbeiter unter Gesichtspunkten ab Seite 143.)
- Ordnen Sie Ihren Mitarbeitern aufgrund dieser Analyse die passenden Aufgaben zu.
- Entscheiden Sie mit Ihren Mitarbeitern gemeinsam in einer Aufgabenbörse, wer welche Aufgaben übernehmen wird. Moderieren Sie diese Aufgabenbörse und zögern Sie nicht, falls nötig, Ihre Entscheidung zu kommentieren.

Mit dieser Vorgehensweise nach dem Modell des Structograms beugen Sie von Beginn an einer Unzufriedenheit vor:

- Ein Geselliger wird nicht an der Brennpunktstelle arbeiten können, an der schnelle und unbequeme Entscheidungen gefällt werden. Er würde diese Entscheidungen verzögern oder gar nicht treffen. Er würde mit dieser Aufgabe unglücklich.

- Ein Macher kann keine Routineaufgaben übernehmen. Er würde sich selbst Hürden auferlegen und Probleme basteln, um Spannung zu spüren und ad hoc zu reagieren.
- Ein Analytiker will weder Kaltakquise übernehmen noch verhandeln. Er ist kein Kommunikator, sondern ein Entwickler und ein Mensch mit Weitblick.

Ein Team kann über sich hinauswachsen, wenn Sie diese Fakten berücksichtigen. Wo der eine zögert, packt der andere zu. Wann haben Sie das letzte Mal einem Menschen in die Augen geblickt, der nach seinen Stärken und nach seinem Zeittakt arbeitet? Die glänzen, wenn er von seinen Aufgaben erzählt!

Betrachten Sie Ihre Mitarbeiter einmal unter folgenden Gesichtspunkten:

Der Einzelne macht ein Team stark

Macher mit Zweitkomponente Analytiker	✓
Er ist fähig, Themen schnell auf Struktur und Relevanz zu analysieren.	
Er bringt Wesentliches zielsicher auf den Punkt.	
Seine eigenen Ziele fokussiert er gut, die Ziele der anderen interessieren ihn kaum.	
Seine Aktivitäten richtet er ausschließlich auf sein anvisiertes Ergebnis aus.	
Er bevorzugt es, Aufgaben im Kopf zu halten statt aufzuschreiben.	
Pläne bildet er nur in Skizzen ab.	
Ein Nein fällt ihm nicht schwer, da er sein eigenes Ziel nicht gefährden will.	

Sein Zeittakt spielt in der Gegenwart. Das bedeutet: Aufgaben werden sofort erledigt, Gleiches erwartet er von anderen.	
Auf seinem Schreibtisch gibt es keine unerledigten Stapel, denn er arbeitet in einem rasanten Tempo.	
Er erkennt Zeitdiebe und will sie umgehend eliminieren.	
Er meidet Routine; Aufgaben, die ihn nicht herausfordern, interessieren ihn nicht.	
Er unterschätzt häufig den Zeitaufwand einer Aufgabe, was ihm Stress verursacht.	
Er reagiert und agiert impulsiv, ohne an die Konsequenzen zu denken.	
In Meetings führt er gern das Wort, auch wenn sein Beitrag nicht immer zielführend ist.	
Im Gespräch unterbricht er andere, weil er seine Gedanken sofort mitteilen will. Umgekehrt aber schätzt er es nicht, wenn man ihn unterbricht.	
Macher mit Zweitkomponente Geselliger	✓
Seine Ziele setzt er sich ad hoc und dadurch wirkt er planlos. Durch seine spontane Arbeitsweise fehlen ihm Struktur und Organisation in Projekten und Aufgaben.	
Er nimmt neue und spannende Aufgaben an, obwohl er möglicherweise andere »Baustellen« noch nicht abgeschlossen hat.	
Er lehnt Routinearbeiten ab, denn er schätzt Abwechslung.	
Er befasst sich äußert ungern mit Details. Lieber schaut er auf das große Ganze, denn in der Weite liegt für ihn der Reiz und nicht in kleinen Schritten.	
Da er häufig an mehreren Aufgaben gleichzeitig arbeitet, kann es sein, dass er die Übersicht verliert und Termine nicht einhält.	

Er ist auf das Hier und Jetzt fokussiert und vergisst dabei manchmal die Konsequenzen seines Handelns und seiner Entscheidungen.	
Die Prioritäten verschieben sich bei ihm weniger nach Wichtigkeit und Dringlichkeit, sondern eher nach Leidenschaft und Anerkennung.	
Sein Büro ist eher schlecht koordiniert, es fehlen System und Zeitplan und eine Ordnung auf dem Schreibtisch.	
Zu Terminen erscheint er häufig in letzter Sekunde oder verspätet sich, zudem bereitet er sich nicht sorgfältig vor. Dafür ist er fähig, innerhalb kürzester Zeit in ein Thema einzusteigen, mitzudiskutieren ohne die Details zu kennen.	
Er diskutiert gern mit, spricht lieber selbst als zuzuhören. Allerdings springt er in den Themen oft hin und her, sodass andere ihm nicht folgen können und er selbst mitunter den roten Faden verliert.	
Auch im Businesskontext reagiert er oft emotional und vergisst darüber die Etikette oder die Gefühle der anderen. Er kann andere mitreißen und für eine neue Aufgabe begeistern.	
Er ist ein begeisterter Netzwerker, deshalb gelingt es ihm nahezu spielerisch, sein mangelndes Zeitmanagement mit der Hilfe anderer auszugleichen.	
Man verzeiht ihm im Allgemeinen das Chaos, denn er ist ein charmanter und großzügiger Zeitgenosse.	
Geselliger mit Zweitkomponente Analytiker	✓
Er neigt dazu, Gespräche mit Kollegen zeitlich auszudehnen.	
Er schweift häufig weit vom Thema ab und verliert den roten Faden.	

Bei Disharmonie im Team oder Druck von Vorgesetzten fühlt er sich blockiert und arbeitet unkonzentriert. Er setzt dann Prioritäten falsch, weil er sich zu detailliert auf einzelne Zahlen, Daten, Fakten fokussiert.	
Für wichtige und dringliche Aufgaben verliert er seine Aufmerksamkeit.	
Es fällt ihm sehr schwer, Entscheidungen zu treffen. Zunächst lässt er sich von seiner Intuition leiten, um dann rational abzuwägen, ob er jegliche Möglichkeiten bedacht hat. Danach prüft er nochmals, ob er sich emotional wohlfühlt, um dann wiederum dieses Gefühl auf der Sachebene abzugleichen. Er kann sich so in einer Dauerschleife aus emotionalen und sachlichen Aspekten verlieren.	
Er benötigt Ruhe und Zeit, um veränderte Arbeitsabläufe und Neuerungen zu durchdenken und zu akzeptieren.	
Er kann nicht Nein sagen und schafft mit seinen vielen Zugeständnissen oftmals eine allgemeine Verwirrung im Team. Am Ende kennt niemand mehr den Status quo im Projekt.	
Er meidet Aufgaben, die mit einem Zeitdruck einhergehen und versucht jedem Konfliktpotenzial geflissentlich aus dem Weg zu gehen.	
Er bereitet sich gut auf Meetings vor, hält sich jedoch mit seinen Beiträgen und Meinungen zurück, weil er Widerstand befürchtet.	
Geselliger mit Zweitkomponente Macher	**✓**
Er unterhält sich mit Kollegen und vergisst dabei die Zeit, die er für seine Aufgaben benötigt.	
Er liebt es, im Team zu arbeiten, allerdings vernachlässigt er Aufgaben, für die er allein verantwortlich zeichnet – es sei denn, es handelt sich um Routinetätigkeiten.	
Er ist der größte Gegner von Change-Management-Prozessen, es sei denn, er ist von Beginn an in eine Prozessentwicklung involviert.	

Er plant nicht gern mit System, einen strukturieren Zeitplan lehnt er ab. Stattdessen fertigt er spontan Notizen auf gelbe Klebezettel an, die er hin und wieder verliert.	
Seine Schreibtischschubladen sind überfüllt und auf dem Tisch liegen Andenken von schönen Erlebnissen, die er mit lieben Menschen teilt.	
Er erscheint zu Meetings häufig zu spät und unvorbereitet. Spontaneität liegt ihm eher als die Detailarbeit, die er gern vor sich herschiebt. Die ist ihm lästig, die sitzt er aus oder delegiert sie an Kollegen und Mitarbeiter.	
Er mag Gewohnheiten und schätzt es, sich langfristig nicht ändernden Aufgaben zu widmen, in einem sich nicht ändernden Team zu arbeiten und einen Chefwechsel zu vermeiden.	
Er schätzt es sehr, mit Kollegen die Mittagspause oder gar die Freizeit zu verbringen, um die Zusammenarbeit zu optimieren. Dabei spricht er gern über Privates, denn er muss sich rundherum wohlfühlen.	
Analytiker mit Zweitkomponente Macher	✓
Er neigt dazu, sich in Details zu verlieren.	
Er braucht den Gesamtüberblick, um sich für eine Arbeits- und Vorgehensweise entscheiden zu können und fordert hierzu Informationen von anderen ein.	
Er lebt und arbeitet nach dem Prinzip: 80 Prozent Planung, 20 Prozent Umsetzung.	
Teamarbeit schätzt er nicht. Lieber arbeitet er nach seinem eigenen Zeitrhythmus, als sich anzupassen.	
Er vergisst häufig, das Team im Informationsfluss zu halten, allerdings fordert er für sich selbst Informationen ein.	
Er ist ein sehr guter Zeitplaner, denn er überlegt und reflektiert über die richtige Einordnung von Prioritäten, neigt jedoch dazu, sich zu viele Prioritäten zu setzen.	

Er grenzt sich sehr gut gegenüber anderen ab und lässt sich nicht leicht überreden, wenn er selbst nicht von Entwicklungen und Entscheidungen überzeugt ist.	
Er kann klar Nein sagen, wenn ein Vorgang aus seiner Sicht zur Zielerreichung nicht beiträgt.	
Aufgrund seiner hohen Reflexionsfähigkeit kann er seine Aussagen mit Fakten belegen.	
Er reagiert genervt auf Mitarbeiter, die nicht zielstrebig planen und arbeiten und hat kein Verständnis für demotivierte Kollegen. Lange Gespräche sind für ihn ein Zeitfresser. Allerdings neigt er selbst zu langatmigen Erklärungen und verliert dadurch seine Zuhörer im Meeting.	
Er erscheint pünktlich und vorbereitet zu Meetings, manchmal sogar mit zu intensiv ausgearbeiteten Unterlagen.	
Sein Arbeitsplatz ist aufgeräumt, nur bei arbeitsmäßiger Überlastung entsteht dort Unordnung.	
Er erwartet, dass die ihm zugearbeiteten Unterlagen strukturiert und detailreich und auch knackig formuliert sind. Rückfragen stellt er direkt, unmissverständlich und sachlich.	
Analytiker mit Zweitkomponente Geselliger	✓
Er arbeitet genau, besonnen, ruhig, zuverlässig und in gleichbleibender Qualität.	
Er hält sich an Strukturen und Abläufe, arbeitet seine Aufgaben und Unterlagen der Reihe nach ab, ohne hin und her zu springen. Ablenkungen vermeidet er.	
Einerseits kann er sich gut organisieren, andererseits betreibt er durch den geselligen Anteil in seiner Persönlichkeit oft viel Aufwand im Vorfeld seiner Arbeit.	
Es fehlt ihm an Spontaneität, Entscheidungsfreude und Initiative. Er ist eher reaktiv als aktiv und eher nachdenklich als impulsiv.	

Er kann kaum Nein sagen.
Er hält sich in Gesprächen, Meetings und Meinungen zu sehr zurück.
Er pflegt ein Understatement, Eigenlob betreibt er kaum.
Er lebt ständig in der Sorge, von Machern völlig überrannt zu werden, weil er deren Spontaneität nicht nachvollziehen kann.

Generell gilt für den Zeittakt

Ein Geselliger arbeitet mit Bedacht. Langsamkeit ist sein Merkmal. Das macht ihn zu einem zuverlässigen Mitarbeiter, der mit Freude Routineaufgaben erledigt und zudem sich Zeitfenster offenhält, um andere zu unterstützen. Er gleicht seine Entscheidungen mit den Erfahrungen aus der Vergangenheit ab.

Ein Macher arbeitet geschwindigkeitsstark und mit überraschenden Lösungen, wenn Unvorhersehbarkeiten eintreffen. Er ist ein Inspirator im Team und öffnet für sich in jedem Meeting eine Bühne. Er entscheidet in Echtzeit, drei Sekunden für die Reflexion reichen ihm.

Ein Analytiker ist der Experte im Team und der Garant für langfristige Zielerreichung. Mit seinem langen Atem bei Problemen und Tüftelaufgaben bevorzugt er langfristige Termine. Sein Zukunftsdenken geht oft einher mit einer Vor-Angst, die ihm die Entscheidungsfreude raubt.

Das Team mitnehmen

Häufig treffen Sie auf bestehende Teams. Diese umzugestalten zählt zu den feinfühligen Herausforderungen einer Führungskraft. Sie werden Vorbehalte antreffen und für Ihre Vorschläge vielleicht eine abweisende Haltung. Es ist nun einmal menschlich, dass wir an alten Mustern festhalten – auch wenn sie uns nicht guttun. Das gilt im Business ebenso wie im Privaten. Da wird eine Kündigung lange hinausgeschoben, obwohl weder Tätigkeit noch Betriebsklima die Schaffensfreude wecken. Bevor Paare sich trennen, zerstören sie derart viel Gefühl, dass sie lange Zeit benötigen, um wieder unabhängig voneinander eine Zuversicht im Leben zu finden. Freunden, die Energie rauben, weil sie ihre Probleme abladen und ohne Unterlass jammern, sagt man selten: »Es reicht. Dafür ist meine Zeit zu kostbar.« Bevor wir loslassen, benötigen wir entweder einen Leidensdruck oder die Einsicht, dass eine neue Situation uns ein besseres Lebensgefühl schenken wird.

Für Ihre Teambildung bedeutet das: Zunächst reagieren Ihre Mitarbeiter beleidigt, gar eifersüchtig oder klammernd, wenn ihnen unkommentiert eine Aufgabe entrissen wird – selbst wenn sie selbst wissen, dass diese Aufgabe ihrem Potenzial nicht entspricht. Ohne ein gemeinsames Besprechen der Änderungen würden Sie bei einem Macher den Besitzerstolz schmälern, bei einem Geselligen die Wertschätzung verletzen und bei einem Analytiker die Kompetenz infrage stellen. Die Motivation würde auf den Nullpunkt sacken. Das ist der Grund, warum Struktur- und Organisationsveränderungen in Unternehmen ein hohes Maß an Kommunikation verlangen.

Tipp

Reden Sie über Ihre Absichten und Ziele und vor allem: Erarbeiten Sie die letztgültige Entscheidung über die Arbeit im Team gemeinsam. Nur dann etabliert sich neben einem Leistungswillen auch ein Wohlgefühl, nur dann reißen Sie Schranken in den Köpfen nieder. Plötzlich werden Denkspiele möglich, wo vorher eine eher zementierte Arbeitsweise herrschte.

Wenn ich als Moderatorin eine Situation vorfinde, die sich mangels Kommunikation verfestigt hat, dann äußere ich zuerst Verständnis. Als Nächstes baue ich drei Flipcharts im Raum auf: auf das erste notiere ich die Namen aller Teammitglieder in der oberen Reihe und auf das zweite schreibe ich das Portfolio der Aufgaben. An die Teilnehmer der Runde gerichtet bitte ich: »Schreiben Sie auf die Zettel vor Ihnen die Tätigkeiten, von denen Sie denken, dass sie am besten zu Ihnen passen würden. Verwenden Sie pro Aufgabe einen Zettel und heften Sie diese unter Ihren Namen ans Flipchart.«

Damit ist die Aufgabenbörse eröffnet. Mit Konzentration und Freude notieren die Mitarbeiter, was Sie in Zukunft zum Teamerfolg beitragen wollen. Einen pädagogischen Nebeneffekt hat diese Aufgabenbörse zudem: Low Potenzials werden sichtbar – es gähnt dann unter dem Namen eine Leere.

Sobald jeder seine Wunschaufgaben unter seinen Namen geklebt hat, lade ich zum Dealen ein – und kommentiere diesen Deal. Ich erkenne aufgrund meiner zuvor gefertigten Persönlichkeitsanalysen sofort, dass Herr Meier als Analytiker mit Zweitkomponente Geselliger sich auf Dauer mit der Kaltakquise nicht wohlfühlen würde, obwohl er diese Aufgabe gewählt hat. Vielleicht verführte ihn die lockere Stimmung im Raum, diese Herausforderung anzunehmen. Vielleicht wollte er den Kollegen beweisen, dass auch er sich für den Außendienst eignet. Allerdings weiß ich, er würde Absagen von Kunden und Lieferanten persönlich nehmen. Er würde traurig werden, sein Selbstbewusstsein bekäme Risse. Gleichzeitig sehe ich, dass die äußerst kontaktfreudige Gesellige Frau Walter mit ihren hohen Macheranteilen in der Zweitkomponente sich bereit erklärt hat, Protokolle anzufertigen. Diese Aufgabe ist nach meiner Einschätzung für sie nur bedingt geeignet, denn sie würde ihre Redeanteile in den Meetings vermissen, weil sie mit dem Formulieren der Fakten beschäftigt wäre. Ihr würden die Gespräche, das Präsentieren ihrer Ideen, das spontane Handeln fehlen. Ich schlage also vor, dass Herr Meier und Frau Walter die

Aufgaben tauschen und erkläre in einer wohlwollenden Art, welche Vorteile ich mir dadurch für das Team erhoffe: »Der Zeittakt von Herrn Meier ist von einer Besonnenheit geprägt. Das macht ihn zu einem zuverlässigen und weitdenkenden Mitarbeiter. In der Ruhe blüht er auf und ist fähig, Konsequenzen vorherzusehen, Details zu betrachten. Frau Walter hingegen ist spontan, diskussionsfreudig, erstaunt uns immer wieder durch ihre Kreativität. Sie agiert im Hier und Jetzt mit einer großen Portion Empathie.«

Ich schreibe die getauschten Aufgaben samt Namen auf das dritte Flipchart. Alles, was sich hier abbildet, hat Gültigkeit für die zukünftige Arbeitsweise im Team. Am Ende der mehrstündigen Aufgabenbörse betrachten wir noch einmal in Ruhe dieses dritte Flipchart. Wir spüren, ob sich ein gutes Gefühl ausbreitet. Erst wenn jeder zufrieden oder zumindest einsichtig ist, beglückwünschen wir uns zu einem gelungenen Projektstart. Die Herausforderung für die Führungskraft wird sein, diese gute Stimmung in den nächsten Wochen zu pflegen und doch das Ziel zu fokussieren. Dazu eignet sich der situative Führungsstil, den Kenneth Blanchard mit anderen Wissenschaftlern entwickelte (s. Blanchard 2015 und Mahlmann 2011)

Situatives Führen im Team

Mit dem Wissen um die vier Grundlagen eines Managements – dirigieren, trainieren, sekundieren, delegieren – sind Sie in der Lage, genau jene Elemente zu filtern und anzuwenden, die die Situation verlangt.

Trainierender Stil: Einem Geselligen zum Beispiel sollten Sie nicht kommentarlos und schroff Aufgaben übertragen – das würde ihn beleidigen. Er erwartet die Themenübergabe in einer eher gelösten Stimmung mit aufmunternden Worten: »Das schaffen Sie! Ich bin für Sie da.« Ein trainierender Stil wird bei diesem stammhirndominanten Mitarbeiter zielführend sein, denn er hat das tiefe Bedürfnis nach einer gegenseitigen Unterstützung.

Sekundierender Stil: Ein Macher will keine langen Reden und schon gar kein unterstützendes Angebot. In seinen Augen wäre das ein unerbetenes Einmischen in seine Belange. Was seiner Persönlichkeitsstruktur entgegenkommt, das ist ein Freiraum für seine Geistesblitze. Er braucht Erfolg in der Gegenwart, ein Handeln durch schnelle Entscheidungen. Wer als Teamleiter ihm mit einem sekundierenden Stil begegnet, der wird das Engagement dieses zwischenhirndominanten Kandidaten augenblicklich wecken: Ziele vorgeben, aber den Weg dorthin sucht der Macher selbst.

Dirigierender Stil: Und der Analytiker? Der sehnt sich nach klaren Ansagen, nach Verlässlichkeit und Ruhe, um sich der Zukunft entgegenzuarbeiten. Ein großhirndominanter Mitarbeiter wird durch den Stil des Dirigierens seine Höchstform entfalten. Das bedeutet: Struktur vorgeben und Änderungen vermeiden.

Delegierender Stil: Das Team im Ganzen schätzt den delegierenden Stil, um sich seiner Aufgaben immer wieder zu vergewissern und den Status quo im Projekt bemessen zu können.

Sehnsucht anerkennen

Neben den Stärken und dem Zeittakt gilt es, noch weitere Komponenten zu erfassen, die zur Zufriedenheit der Mitarbeiter führen: Es sind die Sehnsüchte. Auch diese sind in unserer Persönlichkeit verankert. Für Führungskräfte ist es eine hohe Kunst, diese bei den Mitarbeitern zu entdecken und zu erfüllen. Als Hilfestellung will ich Ihnen deshalb am Ende dieses Kapitels aufzählen, wie die Gehirnforschung nach Paul MacLean diese Sehnsüchte der einzelnen Typen benennt. Sie sind für mich die Grundlage, um den vier Säulen einer Teamarbeit – Ziele festlegen, Rollen und Aufgaben kommunizieren, Prozesse definieren, Umgangsformen etablieren – eine emotionale Basis hinzuzufügen.

Sehnsüchte der einzelnen Typen

Ein Geselliger sehnt sich nach:
- Anerkennung seiner Person
- Zeit für ein Miteinander
- gemeinsame Unternehmungen jenseits des Unternehmens
- Routine in einem sicheren Umfeld, das Reisetätigkeiten ausschließt

Ein Macher sehnt sich nach:
- einer Bühne für Ehre und Stolz
- Herausforderungen, die seine Lust am Wettbewerb erfüllen und ihm Anerkennung bieten
- einer sichtbaren Verantwortung
- einem messbaren Erfolg seiner Aufgaben

Ein Analytiker sehnt sich nach:
- Aufgaben mit intellektuellem Anspruch
- Stille zum Denken
- unangreifbaren Ergebnissen mit einer sauberen Argumentation
- Detailarbeit und kleinteiliger Strategie, nicht nach der grob skizzierten Ziellinie

Derart vorbereitet rückt Ihr Erfolg in eine fassbare Nähe. Lassen Sie mit dem Zielerreichen die Sektkorken knallen. Feiern Sie sich mit Ihrem Team – da sollte der Analytiker keinesfalls fehlen. Auch wenn er bereits mit seinem Zukunftsblick in die Runde ruft: »Ich habe da eine Idee für ein neues Ziel. Ich muss das gerade jetzt prüfen.« Dann schließen Sie die Türe und antworten: »Morgen ist dafür auch noch Zeit.«

Literatur

Blanchard, Kenneth u. a.: Der Minuten-Manager. Reinbek: Rowohlt, 2. Auflage 2015

MacLean, Paul: The Triune Brain in Evolution. Role in Paleocerebral Functions. Heidelberg: Springer 1990

Mahlmann, Regina: Führungsstile gezielt einsetzen. Weinheim und Basel: Beltz 2011

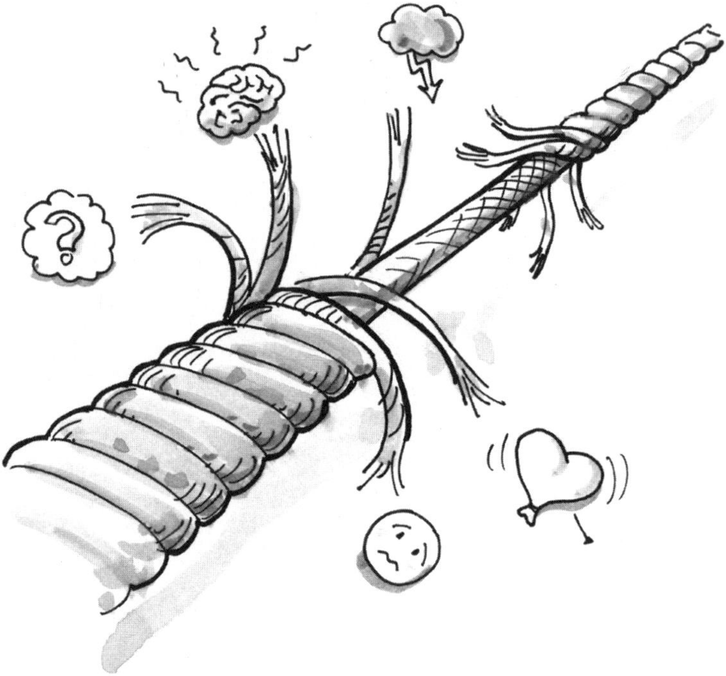

Kapitel 8
Die Farben der Stressmuster

»Wer sowieso schon genug um den Hals hat, sollte nicht auch noch eine Krawatte drumhängen.«

Willy Meurer, Publizist

Erreichbarkeit nonstop

Ohne Stress wäre das Leben wie Tage ohne Sonne. Der Alltag wäre eintönig, gräulich, das Glitzern würde fehlen. Stress erst gibt uns den Schubs zum Handeln und zum Erfolg. Denn Stress setzt Adrenalin frei. Dieser Botenstoff ist ein gnadenloser Energietreiber: Die Konzentration steigt, die Aufmerksamkeit erhöht sich, der Wille zur Leistung spornt an. Sportler nutzen Stress, um ihre Stärken punktgenau abzurufen. Manager und Führungskräfte wissen, dass er förderlich sein kann – sowohl für den Einzelnen als auch im Team. Mit ein wenig Abstand betrachtet könnte man sagen: Stress ist besser als sein Ruf. Zum Problem wird er erst, wenn die Anforderungen nicht zur Persönlichkeitsstruktur passen, wenn Menschen das Gefühl für ihren Zeittakt verlieren, wenn das Stresslevel dauerhaft hoch bleibt. In diesem Fall setzen Stressfaktoren ungünstige Reize.

In einer globalen Welt, vernetzt und vermessen, spiegelt das Internet eine Dauererreichbarkeit ohne Grenzen. Informationen via E-Mail, SMS, Posting, Webinar, Skype sowie Gespräche in virtuellen Räumen strömen auf das Gehirn der Menschen ein. Es scheint keinen Halt mehr zu geben. Alles fließt, verändert, überholt sich. Büros werden zu mobilen Arbeitsstätten, Kernarbeitszeiten gehören in vielen Branchen fast schon der Vergangenheit an. Aufgaben werden automatisiert und technologisch verfeinert. Was heute aktuell ist, ist morgen bereits überholt. Veränderungen allerorts – und wer nicht folgt, dem droht der Arbeitsplatzverlust. Derart existenziell berührt nimmt der Arbeitnehmer hin, dass seine Handlungsspielräume sich verkleinern, dass Entscheidungen ohne seinen Einfluss fallen. Er stellt sich tapfer einer Über- oder Unterforderung und ist sogar bereit, zwecks Auslastung von Anlagen in Tag- und Nachtschichten zu arbeiten. 24 Stunden Dauereinsatz, denn irgendwo auf der Welt ist immer jemand wach und das könnte die Konkurrenz sein.

Mit dem Wissen um die körperliche und seelische Belastbarkeit der Menschen sehe ich aber eine Gefahr: Die Zahl der Stressfaktoren in Beruf und Alltag steigt exponentiell zur beschleunigten Kommunikation und die vielen hierfür verwendeten Kanäle. Was genetisch geprägt wurde, nämlich der persönliche Zeittakt, wird nicht mehr beachtet. Wie bereits ausgeführt, kann ein solchen Ignorieren des Zeittakts durchaus für eine gewisse Zeitspanne gelingen, kann sogar einen kurzfristen Kick erzeugen – auf Dauer aber führt dieser Zustand in eine Erschöpfung. Dann wird der Manager, die Führungskraft, der Mitarbeiter auf langer Strecke seinen Aufgaben hinterherhecheln und ein Team wird müde und traurig.

In meinen Seminaren für Stressvermeidung sehe ich Männer und Frauen, die nach jahrelanger Ignoranz ihres Zeittakts und ihrer Sehnsüchte kurz vor dem Zusammenbrechen sind. Ihre Energiespeicher sind leer. Sie haben in langen Phasen unter Druck das Gespür für sich selbst verloren, haben einen Belastungszustand erreicht, der die natürlichen Grenzen sprengt. Stress ist für sie schon lange kein positiver Reiz zum Handeln, sondern einzig ein hilfloses Gefühl. Sie haben verlernt, ihr Stoppschild vor die übermächtig werdenden Ansprüche zu setzen und sind durch jede der fünf folgenden Stressebenen geschlittert, die Wissenschaftler definieren.

Auswirkungen auf den fünf Stressebenen

Je nach Persönlichkeitstyp nehmen Gesellige, Macher oder Analytiker diese Ebenen unterschiedlich intensiv wahr, weil das Zeitgefühl auch im Stress die Reaktion eines Menschen beeinflusst. Deshalb habe ich diesen Ebenen die wahrscheinlichen Auswirkungen nach Persönlichkeitstyp hinzugefügt.

Die fünf Stressebenen und ihre Auswirkung auf Gesellige, Macher und Analytiker

Erstens: die kognitive Ebene

Es entstehen unter anderem Konzentrationsschwäche, Störungen im Kurzzeitgedächtnis sowie Vergesslichkeit, kreisende Gedanken und Albträume.

- **Gesellige** neigen dazu, auf dieser Ebene unangenehme Aufgaben auszusitzen. Sie verlieren jegliches Maß für Termine und Fristen. Statt Prioritäten zu setzen und diese zu bearbeiten, verschwinden die Ziele aus dem Bewusstsein. In dieser Stressphase finden Gesellige keinen klaren Gedanken mehr – weder Fokussieren noch Planen sind möglich. Sie werden handlungsunfähig.
- **Macher** springen bei Stress auf der kognitiven Ebene noch stärker zwischen den Themen hin und her. Sie verankern sich nicht mehr, bringen keine Aufgabe zum Abschluss. Das Kurzzeitgedächtnis zeigt Lücken. Was sie gestern zusagten, ist heute vergessen.
- **Analytiker** krallen sich geradezu fest an Details. Sie haben keinen Sinn mehr für jegliche Art von Prioritäten.

Zweitens: die emotionale Ebene

Es entstehen unter anderem Angst, Nervosität, Aggression, Lustlosigkeit und innere Leere.

- **Gesellige** neigen generell zu einem hohen Maß an Emotionalität. Unter Stress wächst sie zu einer unkontrollierbaren Größe heran. Sie werden weinerlich, verlieren ihre Hoffnung und landen in einer Depression, wenn niemand sie auffängt.
- **Macher**, die sich per se gern an Leistung und nicht an Emotionen messen lassen, fühlen sich auf dieser Stressebene unwohl. Sie reagieren aggressiv, schüren Konflikte geradezu und scheinen über die Gefühle anderer hinwegzurennen.
- **Analytiker** ziehen sich zurück. Sie versinken in ihren irrationalen Sorgen. Die Vor-Angst bestimmt den Alltag. Auf einen möglichen Kontrollverlust setzen sie ihre gesamte Aufmerksamkeit. Sie werden

zu Getriebenen, um die Zukunft zu sichern und merken doch, dass dieses Unterfangen nur scheitern kann.

Drittens: die vegetative Ebene

Es entstehen unter anderem hoher Blutdruck, Gastritis, Schlafstörungen, Veränderungen im Hormonhaushalt, Infektionsanfälligkeit.

- **Gesellige** reagieren mit Verstopfung, Wasserstauung im Körper und oftmals mit Hautausschlag.
- Bei **Machern** steigen der Blutdruck und der Herzschlag. Sie neigen zu Hitzewallungen.
- **Analytiker** leiden unter Durchfall. Der Körper wird übersäuert. Schlimmstenfalls stellt der Arzt Magenbluten fest.

Viertens: die muskuläre Ebene

Es entstehen unter anderem Verspannungen, Entzündungen sowie Rücken- und Kopfschmerzen.

- Bei **Geselligen** stellen Ärzte auf dieser Stressebene häufig eine Entzündung in den Knien fest und lokalisieren Schmerzen in den Schultern.
- **Macher** erleben auf dieser körperlichen Ebene, dass übermäßiger Stress sie krank macht. Sie verspannen und leiden unter Rückenschmerzen.
- **Analytiker** neigen zu nächtlichem Zähneknirschen, verspanntem Schulter- und Nackenbereich und dementsprechend zu starken Kopfschmerzen.

Fünftens: die verhaltensbezogene Ebene

Es treten unter anderem Fehler auf, ein konfliktträchtiges Verhalten wird provoziert, Intoleranz und ein Verzetteln in den Aufgaben sowie ein Leistungsabfall finden statt.

- **Gesellige** sehnen sich auf der verhaltensbedingten Stressebene nach Umarmung, nach tröstenden Worten und nach langen Gesprächen. Dabei müssen sie nicht unbedingt das Problem besprechen, nicht den Kern für ihre Missstimmung suchen. Sie wollen Zuwendung und sich der Wertschätzung versichern.

- **Macher** werden in ihrem Verhalten sprunghaft, launisch und unberechenbar. Weder suchen sie Trost noch Verständnis – und verlieren doch ihre Klarheit im Handeln.
- **Analytiker** wirken schüchtern, verängstigt, meiden Kontakt zu anderen. Bei Bedrängen reagieren sie unangemessen laut und heftig.

Wenn Sie merken, dass Sie Aufgaben mangels Wissen, Fähigkeit oder Zeit nicht erfüllen können, dann geraten Sie unter Druck und parieren mit Reaktionen auf den eben beschriebenen fünf Ebenen. Ebenso ergeht es Ihren Kollegen und Mitarbeitern. Damit wächst der Sorgenberg. Während der Körper versucht, Druck und Sorgen durch vermehrte Ausschüttung von Cortisol gerecht zu werden, während er die Energiereserven leert, ändert sich unter diesem andauernden Zustand auch die Persönlichkeit.

In der höchsten Gefahrenzone des Stresses tritt bei uns allen die nach dem Structogram am schwächsten ausgeprägte Komponente nach vorn. Was in einer gelassenen Situation nicht sichtbar wird, das steigert sich nun auf untypische Weise: Ein Macher wird in dauerhaften, übermäßigen Belastungssituationen oft weinerlich, ein Geselliger aggressiv, ein Analytiker redselig. Mit dem Aufbegehren dieser ansonsten versteckten Seite des Charakters wirken Menschen völlig fremd und unberechenbar. Spätestens in diesem Stadium benötigen sie die professionelle Hilfe eines Experten. Das kann bedeuten: Sie als Chef können keine Lösungen mehr finden, denn Ihr Mitarbeiter steht vor einem Nervenzusammenbruch. Deshalb lautet mein Appell an Sie: Legen Sie Wert auf Prophylaxe! Mit einem gewissen Grad an Achtsamkeit für sich und andere kann es gelingen, die unsägliche Stressentwicklung frühzeitig zu stoppen.

Überforderungen erkennen

Die folgende Tabelle, die Professor Gert Kaluza, Autor des Buches »Stressbewältigung« (2011, S. 196) entwickelt hat, kann als Grundlage für ein sehr vertrauliches Mitarbeitergespräch dienen, um den Grad des Stresses zu erfahren. Sie ist an dieser Stelle gedacht zur ersten Selbsteinschätzung oder als Instrument, das Sie im Mitarbeitergespräch beim Thema Gesundheitsförderung einsetzen können. Befinden sich die Antworten zu 50 Prozent in der mittleren Spalte, kann ein bedürfnisorientiertes Programm den Stress ausgleichen, indem Sie gemeinsam das Zeitgefühl des Mitarbeiters beachten und zudem die richtigen Zeitinstrumente wählen. Ziel ist es, Zeit- und Energieräuber zu eliminieren. Ziel ist es auch, Aufgaben nach den Mustern der Persönlichkeit zu definieren und damit die Bedürfnisse des Mitarbeiters zum Dreh- und Angelpunkt zu erklären. Genau mit diesem Ansatz fördern Sie die Freude an den Aufgaben, berücksichtigen das Wechselspiel zwischen Anspannung und Entspannung, zwischen Leistung und Pause, zwischen sozialer Kontaktfreude und von Ruhe.

Sobald jedoch mehr als 30 Prozent der Antworten im ersten Bereich landen, ist eine medizinische Begleitung lebenswichtig! Dann bahnt sich ein Burnout an. Auch wenn ein solcher laut WHO noch nicht als Krankheit eingestuft worden ist, so darf eine solche Diagnose keinesfalls missachtet werden. Ein Burnout ist kein zu vernachlässigender Faktor! Er stellt eine Lebensgefahr dar. Was mit einem Stressgefühl beginnt, sich mit einer Erschöpfung fortsetzt, das kann am Ende in einer Depression landen, in der nichts mehr fassbar und greifbar ist, in der ein Mitarbeiter mental in einer Dunkelheit versinkt und körperlich erstarrt.

Checkliste: Warnsignale für Stress

Die folgenden Punkte können Anzeichen für Überforderung sein.
Welche davon haben Sie in der letzten Woche an sich feststellen können?

	stark	leicht	kaum/ gar nicht	Punkte
Körperliche Warnsignale				
Herzklopfen/Herzstiche	2	1	0	
Engegefühl in der Brust	2	1	0	
Atembeschwerden	2	1	0	
Einschlafstörungen	2	1	0	
Chronische Müdigkeit	2	1	0	
Verdauungsbeschwerden	2	1	0	
Magenschmerzen	2	1	0	
Appetitlosigkeit	2	1	0	
Sexuelle Funktionsstörungen	2	1	0	
Muskelverspannungen	2	1	0	
Kopfschmerzen	2	1	0	
Rückenschmerzen	2	1	0	
Kalte Hände/Füße	2	1	0	
Starkes Schwitzen	2	1	0	
Emotionale Warnsignale				
Nervosität, innere Unruhe	2	1	0	
Gereiztheit, Ärgergefühle	2	1	0	
Angstgefühle, Versagensängste	2	1	0	
Unzufriedenheit/Unausgeglichenheit	2	1	0	
Lustlosigkeit (auch sexuell)	2	1	0	
Innere Leere, »ausgebrannt sein«	2	1	0	
Kognitive Warnsignale				
Ständig kreisende Gedanken/Grübeleien	2	1	0	
Konzentrationsstörungen	2	1	0	
Leere im Kopf (»black out«)	2	1	0	
Tagträume	2	1	0	
Albträume	2	1	0	
Leistungsverlust/häufige Fehler	2	1	0	

	stark	leicht	kaum/ gar nicht	Punkte
Warnsignale im Verhalten				
Aggressives Verhalten gegenüber anderen, »aus der Haut fahren«	2	1	0	
Fingertrommeln, Füße scharren, Zittern, Zähne knirschen	2	1	0	
Schnelles Sprechen oder Stottern	2	1	0	
Andere unterbrechen, nicht zuhören können	2	1	0	
Unregelmäßig essen	2	1	0	
Konsum von Alkohol (oder Medikamenten) zur Beruhigung	2	1	0	
Private Kontakte »schleifen lassen«	2	1	0	
Mehr Rauchen als gewünscht	2	1	0	
Weniger Sport und Bewegung als gewünscht	2	1	0	
Gesamtpunktzahl				______

Bewertung:

0–10 Punkte
Sie können sich über Ihre relativ gute gesundheitliche Stabilität freuen.
Ein Entspannungstraining wird bei Ihnen vor allem vorbeugende Wirkung haben.

11–20 Punkte
Die Kettenreaktionen von körperlichen und seelischen Stressreaktionen finden bei Ihnen bereits statt. Sie sollten möglichst bald damit beginnen, Ihre Kompetenzen zur Stressbewältigung zu erweitern.

21 und mehr Punkte
Sie stecken bereits tief im Teufelskreis der Verspannungen, emotionalen Belastungen und Gesundheitsstörungen. Sie sollten auf jeden Fall etwas gegen Ihren Stress und für mehr Gelassenheit, Ruhe und Leistungsfähigkeit tun.

Module im Management

Im modernen Management geht es nicht einzig und allein um Zielerreichung, so wie es die alte Schule lehrte. Zu den Methoden der Finanzstrategie, der Prozessoptimierung, des Qualitäts- und Risikomanagements und der Mitarbeiterführung addiert sich die Stressprävention. Dies in Ausbildungsplänen als festen Bestandteil zu integrieren, würde nicht nur der Volkswirtschaft Schaden ersparen, sondern – und auf diesen Aspekt will ich Ihre Aufmerksamkeit richten – er würde Krankheiten, Schicksalsschläge und Leistungsstürze verhindern. Er würde Leichtigkeit zulassen. Menschen, die ihre Gesundheit als Geschenk begreifen, die pflegen Körper und Geist gleichermaßen; die lassen nicht zu, dass ihre Seele verkümmert, wenn sie sich gegen ihr eigenes Zeitgefühl richten. Sie achten auf ein wertschätzendes Umfeld im Business und im Privaten. Dennoch stehe ich zur Beobachtung, dass Work-Life-Balance ein überholtes Modell ist. Es kann nicht darum gehen, privat zu kompensieren, was beruflich stresst. Es ist wichtig, dass das Gesamtbild stimmt.

Ein solches Bewusstsein in den Lehrplänen der Universitäten, Assessmentzentren, Aus- und Weiterbildungsinstituten zu integrieren würde folgende Themenbereiche umfassen:

- Stressfaktoren und deren Auswirkungen auf Körper und Geist erkennen
- Persönlichkeitstypen nach dem Structogram und deren unterschiedliche Bedürfnisse beachten
- Talente erkennen und Stärken entwickeln
- das persönliche Zeitgefühle der Menschen anerkennen
- probate Zeitinstrumente vermitteln
- Aufmerksamkeitstraining etablieren mit dem Hinweis, dass Bewegung die Endorphine ausschüttet und somit Sport zum Stresskiller wird

Zudem sollte dieses Modul eine wertschätzende Kommunikation berücksichtigen. In Zeiten, in denen der Austausch von Informationen auch im Business zu einem großen Teil via E-Mail, SMS oder anderen elektronischen Kommunikationskanälen erfolgt und oftmals nur aus wenigen Zeichen besteht, sollte mindestens einmal am Tag ein Gespräch mit einem Blick in die Augen erfolgen. Stress sendet nämlich durch Mimik und Gestik, durch Stimme und Tonalität seine Zeichen voraus. Dann verliert die Stimme den Eigenton, die Tonalität wird schärfer oder leiser, der gesamte Muskeltonus erschlafft, selbst die Falten zwischen Nase und Mund scheinen sich zu vertiefen. Stress ist sichtbar, er verändert den Menschen!

Zu einer stressverhindernden Kommunikation zählen der wöchentliche gemeinsame Jour fixe, das Angebot an die geselligen Mitarbeiter für zusätzliche und spontane Gespräche, die Freiheit für den Analytiker, in einem losen, selbstbestimmten Rhythmus ein Feedback zu seiner Arbeit zu geben. Dazu zählen ebenso die Angebote für die Macher, ein agiles Projektmanagement zu pflegen, indem sie sich mit diesen Kollegen vormittags 15 Minuten im Stehen an einem Bistrotisch treffen.

Diese »Daily Scrum Meetings« – sie haben ihren Ursprung in der Softwaretechnik und wurden von Hirotaka Takeuchi und Ikujiro Nonaka (1986) nach einem Rugby-Spielzug benannt, denn Scrum soll ermöglichen, dass sich ein Team schnellstmöglich auf neue Rahmenbedingungen einstellen kann – geben ihm eine Bühne für seine Geistesblitze und Ihnen eine Gelegenheit, diese zu loben. Loben Sie, indem Sie konkret sagen, was Ihnen gefällt, was Sie sich im Weiteren erhoffen. Lächeln Sie dabei, denn Lob ist ein Herzensöffner. Das gilt für jeden Persönlichkeitstypen, selbst der ansonsten emotional unabhängige Analytiker wird einen kleinen Dopaminausstoß in sich wahrnehmen, wenn Sie dem Lob eine Messbarkeit geben: »Torsten Weber, Sie haben uns auf ein Problem hingewiesen, dass wir fast übersehen hätten. Prima. Erst durch Ihre wiederholte Kalkulation ist klar geworden, dass wir unser Ziel mit diesem Lieferanten nicht erreichen können, weil seine Fristen zu lang sind. Danke dafür.« Herr Weber weiß mit diesen Worten, warum seine Arbeit für das gesamte Projekt so wichtig war. Mit einem einfachen: »Danke für Ihren Bericht, der war gut.«, hätte er das nicht in dieser Klarheit einordnen können.

Ein greifbares Lob auszusprechen, das ist eine Kunst: Es erfordert, den Mitarbeiter in seiner Persönlichkeit und in seinem Zeittakt richtig einzuschätzen. Es rückt jene Komponente in den Vordergrund, die dieser Mitarbeiter mit Hingabe erledigte. Es markiert die Stärke des Mitarbeiters. Denn in diesem Bereich sprudelt seine Leistungsquelle, von ihr können Sie, das gesamte Team und der Mitarbeiter selbst profitieren. Ein Mitarbeiter, der aufgrund seiner Leistung im Stärkenbereich gelobt wird, der wird sich weiterhin anstrengen, um noch Besseres zu erreichen. Das ist sein Ehrgeiz, daraus zieht er seinen Stolz.

Ich halte wenig davon, Schwächen in den Mittelpunkt zu stellen. Wenn ein Macher seine ungeliebte Kalkulationstabelle pünktlich an das Team weiterleitet, dann würde ein Lob an dieser Stelle keinen Mehrwert bringen. Er würde auch das nächste Mal diese Tabelle ohne Hingabe fertigstellen – aufgrund seines Persönlichkeitsmusters bleibt diese Aufgabe eine lästige Pflicht für ihn. Trotz netter Sätze würde er sich nicht anstrengen, diese zu verfeinern, damit andere staunen. Ihm jedoch mitzuteilen, dass sein Schlussstatement vor der Presse brillant war, das wird ihn zum Feinschliff seiner Rhetorik anfeuern, denn hier schwimmt er in seinem Potenzial. Hier spürt er Leichtigkeit und Freude, hier wird er weitertrainieren, weiterwachsen wollen. Mitarbeiter, die wegen ihrer Stärken geschätzt und gelobt werden, die sind zufrieden, weil sie wissen: »Was ich leiste, das ist wichtig.«

Ich habe in meinen Coachings erlebt, dass ein Lob – von Herzen und in tiefer Ehrlichkeit ausgesprochen – plötzlich hinderliche Glaubenssätze von einer Sekunde zur anderen auslöschen kann. Was seit Kindertagen auf den Schultern lastete, kann sich in Luft auflösen. Obwohl ein Mitarbeiter als Kind die Sätze gehört hat: »Du bist langweilig.«, »Dein Gestammel versteht kein Mensch.«, blinkt in ihm die Ahnung auf, dass Präsentieren vor Publikum seine maßgebliche Stärke ist, sobald er sich nach dem Structogram als Macher erkannt hat. Und dieser Mitarbeiter hält die Ahnung fest, will sie auf Wahrheit hin prüfen. Ermuntert durch seinen Vorgesetzten erklärt er sich bereit, vor 100 Stakeholdern die Projektstrategie aufzufächern. Wortgewandt, leidenschaftlich, unterhaltsam nimmt er seine Zuhörer mit. Er fühlt sich wohl auf dieser Bühne! Das Lob des Chefs – »Sie haben eine komplexe Sache verständlich und engagiert erklärt. Klasse war das. Ich bin begeistert.« – bestätigt sein gutes Gefühl. In einer einzigen Situation kann die innere Welt sich ändern, wenn ein Mensch sein Talent entdeckt, egal wie viele Jahre zuvor darauf der Schutt falscher Glaubenssätze lag. Auf einmal liegt Zuversicht in der Luft. Genau hier beginnt die Resilienzforschung. Sie kristallisiert einen wichtigen Aspekt der Stressvermeidung heraus, nämlich negative Gedanken durch positive zu ersetzen. Unser Redner, dem jahrelang suggeriert wurde: »Dein Gestammel interessiert niemanden.«, änderte den Satz in: »Ich kann reden und andere begeistern.«

Sie können Ihre Glaubenssätze, die Sie ausbremsen oder belasten, selbst verändern, indem Sie Ihre Glaubenssätze ins Gegenteil umformulieren und sich somit selbst Anerkennung zollen. Zum Beispiel aus »Ich kann nicht gut präsentieren« wird dann »Ich nehme die Herausforderung der nächsten Präsentation mit Freude an«. Aus »Ich bin ungeduldig« wird »Mein Zeittempo ist schneller als das der anderen. Das wird das Team nach vorn bringen«. Aus »Ich bin geschwätzig« wird dann »Ich interessiere mich für meine Kollegen, auch über die Projektarbeit hinaus«.

Sie selbst können nun, nachdem Sie Ihre persönlichkeitsbedingten Bedürfnisse in den letzten Kapiteln erkannt haben, diese Übung in Ihren Alltag integrieren. Das erhöht die Achtsamkeit für sich selbst und vor allem ändert es augenblicklich die Chemie im Kopf.

Glaubenssätze verwandeln

Gesellige vermeiden Weinerlichkeit und Selbstzweifel, wenn sie sich in einer Achtsamkeitsminute ihren im Stammhirn verorteten Satz »Ich muss beliebt sein!« ersetzen durch einen Satz der Entspannung »Ich darf entscheiden, wen ich liebe!«.

Macher in Stresssituationen vermeiden Bissigkeit, wenn sie ihren zwischenhirnbedingten Kernsatz »Ich bin stark!« für eine Minute ändern in »Auch ich darf eine schwache Stunde haben!«.

Analytiker können sich entspannen, wenn sie ihren Stammsatz im Großhirn »Ich muss perfekt sein!« ersetzen durch »Auch ich darf Fehler machen und darf großzügig mit mir sein!«.

Diese Übung gibt Ihnen Lockerheit. Sie sparen sich Energie, weil Sie Ihrem persönlichen Stresstreiber nicht folgen. Sie bewerten nicht. Sie lassen einfach los.

Zu einem klugen Zeitmanagement zählen ebenso kleine Phasen der Entspannung: Sie schließen die Augen zwischen dem Schreiben zweier Berichte und lauschen dem Vogelgezwitscher vor Ihrem Fenster. Sie lassen geschehen, was geschieht. Sie atmen nach einer unangenehmen Situation tief ein und aus. Sie verteilen diese eingeatmete Luft im Kopf, im Herzen, im Brustkorb, im Bauch, bevor Sie langsam wieder ausatmen. Sie wiederholen dieses Atmen zehnmal. Gedanken beachten Sie nicht, Sie lassen sie ziehen wie Wolken am Himmel im Wind.

Wann haben Sie das letzte Mal ein Glas Wein getrunken, ohne gleichzeitig über Probleme nachzudenken, sondern um bewusst das Glas zum Mund zu führen, den Rand mit den Lippen zu umschließen, den Wein im Mund zu schmecken und diesem Geschmack nachgefühlt? Wann haben Sie beim Putzen der Zähne lediglich den Geschmack von Minze wahrgenommen und an die Borstenbewegungen auf dem Zahnschmelz gedacht?

Sie haben am Tag Hunderte Möglichkeiten, Ihre Wellen im Gehirn zu beruhigen und dabei für eine Antistressminute in der Gegenwart zu verweilen. Das fühlt sich ein wenig an, als würden Sie die Zeiger der Uhr anhalten. Sie schließen am Abend Ihre Haustüre auf, nehmen das Klirren des Schlüsselbunds wahr, schieben die Türe auf und Ihr Kind rennt Ihnen mit einem Jubel entgegen. Sie heben Ihr Kind auf den Arm, drücken ihm einen Kuss auf die Wange, wundern sich, in welchen Farbnuancen diese Augen leuchten. Sie halten den Moment fest. Gespeichert. In Ihrer inneren Schatztruhe. Die zu füllen, das ist Ihre Waffe gegen Stress.

Literatur und Internetlinks

Kaluza, Gert: Stressbewältigung. Heidelberg: Springer, 2. Auflage 2011, S. 196 f.

Takeuchi, Hirotaka/Nonaka, Ikujiro: The New New Product Development Game. Harward Business Review 01/1986: https://hbr.org/1986/01/the-new-new-product-development-game [16.09.2016]

Kapitel 9
Erkenne, wer die anderen sind

»Jede innere Bewegung, Gefühle, Emotionen, Wünsche drücken sich durch unseren Körper aus.«

Samy Molcho

Szenen eines Dreamteams

Ein Team wird umso erfolgreicher sein, je mehr Talente sich in ihm vereinen, je unterschiedlicher die Charaktere der Mitarbeiter sind. In einer solchen Vielfältigkeit kann keine Herausforderung zu groß, kein Ziel zu weit sein. Wo der eine schwächelt, stützt der andere. Wo der eine zweifelt, empfindet der zweite Entschlusskraft. Dieses Gefühl, einander zu ergänzen, macht Mitarbeiter erst zum Dreamteam. Weil Stärken anerkannt und Schwächen nicht ignoriert werden. Weil unterschiedliche Tempi bereichernd wirken.

Wie langweilig wäre ein Unternehmen, würde es nur aus Analytikern bestehen: Es würde ein wortkarges, emotional gedämpftes Klima in den Fluren herrschen. Wie unstrukturiert würde ein Unternehmen sein, wären nur Gesellige beteiligt: Es würden Feste gefeiert, Blumen verteilt und freitags würde der Duft von Kuchen das Wochenende markieren. Wie hektisch wäre ein Unternehmen, würden nur Macher wirbeln: Jeder wollte Wortführer sein, jeder für sich glänzen und niemand hörte dem anderen zu. Auch wenn dieses Szenario überzogen scheint, so steht doch fest, dass keines dieser Unternehmen voraussichtlich eine Chance am Markt hätte. Es würde seine Eigenheiten pflegen, die Kommunikation wäre einseitig und eine Menge Aufgaben blieben unerledigt. Und sollte in einem Unternehmen ein Manager denken, er könnte ohne ein starkes divergentes Team punkten, belegen unzählige Storys des Scheiterns das Gegenteil. Kein Manager ist in der Lage, ob seines Zeittaktes und seiner Stärken alle Ziele einsam zu erreichen, die sein Job verlangt. Er braucht Ratgeber, Ideengeber, Mitarbeiter und Unterstützer. Er tut gut daran, auch diese nach ihrer persönlichen Unterschiedlichkeit auszuwählen.

Das bedeutet konkret: Ein Team sollte aus allen drei Persönlichkeitstypen nach dem Structogram bestehen. Vielleicht fragen Sie sich an dieser Stelle, warum genau diese Vorgehensweise nicht selbstverständlich sei? Nun mag der Grund für ein Zögern in der Einsicht liegen, dass zwischen Geselligen, Machern, Analytikern sich ein Konfliktfeld ausbreiten kann. Und doch bleibt Ihnen keine andere Wahl, wenn Sie in ein ganzes Meer an Stärken eintauchen wollen. Was Sie benötigen, um Konflikte zu verhindern, das sind Menschenkenntnis und das Wissen um Emotionen sowie um die kleinen Muster der Lügen. Denn Konflikte fallen nicht vom Himmel, sie bauen sich langsam auf. Wenn Ihre Mitarbeiter gegen ihr Zeitgefühl arbeiten und wenn ihnen untereinander das Verständnis für die Vorlieben der anderen fehlt, dann entstehen Verletzbarkeiten und manchmal explodiert die Stimmung in Sekunden. Sehen wir einmal genauer hin.

Mögliche Konfliktherde

Es ist eine Tatsache, dass ein Analytiker in seiner selbst- und themenbezogenen Denkweise kaum emotionale Störungen wahrnimmt, denn er kommuniziert auf der Sachebene. Die vielen feinen Schwingungen auf der Beziehungsebene blendet er aus, die sind für ihn nicht relevant im Business. Das verletzt den Geselligen. Dieser wünscht sich Zeichen der Wertschätzung, der Harmonie. Die Konzentration auf das Wesentliche empfindet er als Affront. Anfangs mag es sein, dass er um ein Lächeln buhlt, aber mit der Zeit zieht er sich wie eine Schildkröte in ihren Panzer zurück. Stillstand der Kommunikation. Das irritiert den Macher. In ihm breitet sich Langeweile aus, er will weiter im Projekt. Er macht Tempo, trampelt über die Befindlichkeit des Geselligen und über die Sachlichkeit des Analytikers lautstark hinweg. Er will reden und wirbeln. Wo bitte sind die Ergebnisse des gestrigen Tages? Ein Analytiker aber lässt sich nicht drängen und ein Geselliger fürchtet sich vor dieser Vehemenz. Dass ein Macher wenig vorbereitet auf das Meeting in den Raum ruft: »Was steht heute an?« und damit bereits das Wort an sich reißt, entrüstet den Analytiker bis ins Mark. »Solch eine Unverfrorenheit!«, denkt er und pariert diesen Auftritt mit kleinteiligen Zahlenreihen. Und der Gesellige? Der leidet ob der miesen Stimmung und steigt innerlich aus. Solche Szenen finden sich täglich an den Meetingtischen und jede einzelne ist eine vertane Chance auf gemeinsamen Erfolg.

In solchen Momenten mögen Sie zu Recht Zweifel hegen, ob es sinnvoll war, Ihrem Coach zu folgen, der Sie genau zu dieser Teambildung ermunterte. Was Sie nämlich spüren, das sind die Verbissenheit des Analytikers, die Ungeduld des Machers und die eingeschnappte Reaktion des Geselligen. Sie blicken in die Gesichter Ihrer Mitarbeiter, suchen eine Lösung für den Konflikt – und begeben sich damit auf die richtige Spur. Konflikte in einem Team wie diesem lassen sich nicht mit Allgemeinsätzen beheben wie: »Wir müssen zusammenhalten.« Oder: »Erfolg gelingt nur im Team, lasst uns das Beste daraus machen.« Damit würden Sie lediglich einen Verstärker setzen und die Muster Ihrer Mitarbeiter nicht ernst nehmen. Sie würden hilflos erscheinen, das jedoch sollten Sie als Führungskraft immer vermeiden. Besser ist es, bereits die ersten Anzeichen eines Konflikts zum Beispiel an der Mimik zu erkennen.

Emotionen im Gesicht

Emotionen entstehen im Gehirn, werden dort zu Paketen geschnürt und finden ihren Ausdruck zu 55 Prozent durch Mimik und Gestik. Selten durch Worte. Dann zuckt das Augenlid, legt sich die Stirn in Falten, fallen die Mundwinkel ab, kräuselt sich die Oberlippe. Diese kleinen Zeichen sind unverkennbar, unveränderbar und vor allem gültig für alle Kulturen dieser Welt. Sie gelten für die Naturvölker im Amazonas ebenso wie für die Menschen in Manhattan. Das wissen wir, seit Paul Ekman vor mehr als 50 Jahren die sieben Basisemotionen Freude, Überraschung, Ekel, Wut, Angst, Verachtung und Trauer erforschte und als universell erkannte.

Ekman hat aufgrund der 43 Gesichtsmuskeln, über die ein Mensch verfügt, 10 000 Bewegungsmuster identifiziert, von denen 3 000 für uns einen Sinn ergeben, wenn wir unser Gegenüber betrachten. Er hat sie in seinem Facial-Action-Coding-System zusammengetragen, was ihm Weltruhm einbrachte und seither wissen wir: Auch Emotionen sind eine Frage der Gene, sie lassen sich nicht antrainieren, sondern gehören zu uns wie der Herzschlag zum Leben. So bleibt die beeindruckende Arbeit von Ekman weiterhin relevant und es lohnt sich, diese im Management genauer zu betrachten, um die Emotionen im Gesicht Ihrer Mitarbeiter wie eine Landkarte zu lesen. Paul Ekman schreibt dazu: »Nehmen wir das Beispiel Ärger. Jeder Mensch wird einmal die Erfahrung machen, dass seine Pläne durchkreuzt werden, weil ein anderer ihn durch sein Verhalten daran hindert zu tun, was er gerade tut oder unbedingt tun will. Und jeder wird lernen, dass es ihm, wenn er auf die Ursache dieser Störung zugeht und sie bedroht oder angreift, unter Umständen gelingen kann, sie aus der Welt zu schaffen« (Ekman 2010, S. 35). Daraus dürfen Sie schlussfolgern: Jeder Ihrer Mitarbeiter will sein Ziel durchsetzen, jeder auf seine Weise. Bleiben wir deshalb bei der Emotion des Ärgers und fragen uns: Wie reagieren die unterschiedlichen Typen aus Macher, Analytiker und Geselligem? Und vor allem: Wie können Sie sie beruhigen?

Ein Macher wird gemäß seinem Zeittakt sehr schnell Wut und Ärger empfinden, wenn die anderen ihm kritisch oder gar abgeneigt begegnen. Dann zieht er die Augenbrauen zusammen und fixiert sein Gegenüber. Er zwinkert nicht, er starrt und will ein Nicken erzwingen. »Ihr wollt mir nicht folgen? Das wird Konsequenzen haben!«, scheint er mit diesem Blick zu sagen und es wird wahrscheinlich sein, dass die anderen den Kopf zur Seite drehen und aus dieser Gefahrenzone herauswollen. Um dieser Situation zuvorzukommen, können Sie als Leiter des Teams das Kräftemessen beenden, indem Sie dem Macher vermitteln: »Toll, wie engagiert Sie sind. Lassen Sie mich bitte einige Sätze zum Ablauf der Runde sagen. Danach bin ich gespannt auf Ihre Einschätzung.« Sofort schwindet die Aggression in dieser Szene. Der Macher freut sich auf seinen nächsten Auftritt in der Runde in wenigen Minuten.

Mit den folgenden Sätzen können Sie Macher in einer Konfliktsituation beruhigen:

- »Sie schaffen das, ich bin mir sicher.«
- »Probleme sind doch für Sie nur Herausforderungen. Das schätzen wir an Ihnen.«
- »Ich schätze Ihre Leistung. Lassen Sie uns den nächsten Schritt besprechen.«

Tipp

Nicken Sie bei diesen Sätzen, um die Anerkennung für den Macher auch gestenreich zu unterstreichen. Denn Anerkennung ist sein Elixier.

In einer extrem starken Ausprägung wird sich ein Macher zum Troublemaker im Team entwickeln. Dann widerspricht er, winkt ab, findet ständig Gegenargumente. Er stoppt auf eine demotivierende Weise die Arbeit des gesamten Teams. Wie einfach wirkt da die Prophylaxe eines einzigen Lobes: »Ich habe großen Respekt vor Ihrem Einsatz!«

Ein Analytiker frisst den Ärger in sich hinein. Er bleibt lange Zeit stumm, bevor sein Ärger ein Ventil nach außen findet. Sie erkennen es, indem dieser ansonsten besonnene Zeitgenosse die Hände zusammenpresst, bis die Fingerkuppen weiß werden, auf seinem Stuhl hin und her rutscht oder die Hände entlang der Oberschenkel reibt. Das sind untrügliche Zeichen für eine nicht mehr akzeptable Situation. Kommt nun eine Anweisung hinzu, die seinen Prinzipien zuwiderläuft, stehen alle Anzeichen in ihm auf Explosion: Er würde am liebsten brüllen, seine Schultern scheinen zu beben – und es gelingt ihm, beherrscht zu bleiben, seine Wut zu unterdrücken und sich zu denken: »Ich kläre das später in aller Ruhe – wie sonst auch.« Und doch ahnt er, dass es für ihn dann zu spät sein wird, um diesen Konflikt aufzulösen: Dann werden die Aufgaben bereits verteilt und Entscheidungen gefallen sein. Dieser Gedanke lässt seine Wut wieder steigen. Zu gern würde er auf den Tisch hauen und sich wie der Macher durchsetzen! Aber er schweigt.

Nur wer genau hinsieht, wird seinen inneren Sturm erkennen, denn seine Lippen pressen sich aufeinander, der Bereich zwischen Nase und Oberlippe wird schmaler, der Blick ist starr, die Augenbrauen ziehen sich zusammen. Ein Ausdruck von Wut entsteht. Würde seine Emotion einen Kanal nach außen finden, er würde aufstehen, im Stechschritt auf die Person zugehen, die ihm diesen unlogischen Vorschlag entgegengebracht hat, und ihr lauthals erklären, dass sie keine Ahnung hätte und deshalb besser schweigen sollte! Das wird jedoch nicht geschehen! Einzig seine zu Eis gefrorene Mimik wirkt auf die anderen.

Sprechen Sie Ihren analytischen Mitarbeiter nicht auf den Ärger in seinem Ausdruck an. Lassen Sie es kommentarlos stehen. Sie können seine erhitzte Emotion einzig kühlen, indem Sie ihn auf die sachliche Ebene ziehen: »Sie haben Recht. Wir dürfen die Logik nicht übersehen.« Pause. »Ich schlage vor, Sie erarbeiten uns dazu ein Strategieblatt. Wir müssen Fehler im Projekt unbedingt vermeiden. Danke für den Hinweis.« Pause. Der Analytiker braucht eine ruhige Atmosphäre, um seine Mitte wieder zu finden. Er will sich mit Sachthemen befassen, mit den voraussichtlichen Problemen der Zukunft. Er will nicht die Pflege der Emotionen im Business.

Beruhigungssätze für Analytiker in Konfliktsituationen sind:

- »Ich bin froh, dass Sie die Details beachten.«
- »Sie haben Recht, diesen Aspekt hätte ich fast übersehen. Es wäre gut, würden Sie dazu einen Abstrakt schreiben. Nehmen Sie sich in Ruhe Zeit dafür.«
- »Wir sollten sachlich bleiben. Für mich bedeutet das: erst einmal Informationen sammeln. Ich sende Ihnen dazu weitere Unterlagen zu und werde Sie bitten, diese in Ruhe zu prüfen.«

- »Wir müssen das nicht sofort entscheiden. Lassen Sie uns nachdenken. Jeder für sich.«

Tipp

Halten Sie bei diesen Sätzen einen körperlichen Abstand. Es wäre ein Fehler, würden Sie einem Analytiker wie zur Beruhigung die Hand auf den Unterarm legen oder hinzufügen, dass Sie gern am Ende des Tages den Konflikt bei einem Bier noch einmal besprechen möchten.

In einer extremen Ausprägung kann ein Analytiker durch seine reduzierte Mimik und Gestik eine Arroganz verbreiten, die andere nicht tolerieren wollen. Er schweigt lieber, als dass er spricht, hält sich lieber außerhalb des Teams als mitten im Geschehen auf. Er strahlt Abweisung aus. Das führt bei Kollegen zu einer Verständnislosigkeit. So kann es passieren, dass der Informationsfluss zäh wird und die Kommunikation stockt. Beides kann den Projekterfolg erheblich gefährden.

Ein Geselliger umklammert bei Ärger im Team seinen Stift derartig kräftig, dass dieser fast zerbricht. In Konfliktsituationen sucht ein Geselliger einen Halt, um nicht zu kippen. Gleichzeitig rümpft er die Nase, verkleinert seine ansonsten eher entspannten sanften Augen – und diese Mimik bedeutet höchsten Alarm. Sie dürfen davon ausgehen, dass ein Geselliger in seinem ihm angeborenen ruhigeren Zeittakt nicht schnell in die Luft geht. Er ist in der Regel verzeihlich und geduldig. Das Signal der gerümpften Nase und der zusammengekniffenen Augen sind ein Zeichen für Zorn und Ekel ob eines Streits. Er will die Lautstärke nicht mehr! Er will keine Anschuldigungen, Vorhaltungen, Angriffe mehr. Er will sich nicht mehr bevormunden lassen durch den Macher und sich nicht mehr ignorieren lassen durch den Analytiker. Er brüllt hinaus, was ihm fehlt: Respekt.

Wenn ein Geselliger schreit, dann ist das emotionale Fass schon lange bis zum Rande gefüllt gewesen. Nun gab es den berühmten letzten Tropfen. In dieser Wutphase wird es Ihnen als Chef nicht gelingen, den Geselligen zu beruhigen. Versuchen Sie es gar nicht erst. All jene Merkmale der Nachsicht und des Verständnisses, die diesen Persönlichkeitstypen liebenswert machen, scheinen sich im Nichts aufzulösen. Sie können ihm höflich anbieten, sich vielleicht in seinem Büro zu beruhigen, erst einmal einen Tee zu trinken und ihm später die versäumten Inhalte zu erklären, aber seien Sie darauf gefasst: Er wird noch Tage schmollen und nachtragend sein.

Sätze, die einen verärgerten Gesellligen besänftigen, sind zum Beispiel:

- »Wir lösen das gemeinsam. Im Team sind wir stark.«
- »Ich schätze Ihre angenehme Art, das Team zusammenzuhalten – und ich sehe den Grund für Ihren Ärger.«
- »Ich hoffe, ich kann Sie mit meinem Verständnis besänftigen, denn Ihr Einsatz ist mir wichtig. Wir sollten gegenseitig auf Harmonie und Respekt achten.«
- »Sie sind für mich eine wichtige Person in unserem Team. Wir brauchen Sie bei diesem Projekt. Es wäre schön, wenn wir das Thema gemeinsam lösen können.«

Tipp

Sehen Sie während dieser Worte den Geselligen mitfühlend an, rücken Sie näher zu ihm. Er braucht ein Zeichen der Nähe.

Sind die Merkmale eines Geselligen extrem ausgeprägt, dann dreht sich sein Denken und Handeln nicht um Sachthemen, sondern einzig um Beziehungsthemen. Es fällt ihm schwer, sich auf die Aufgaben zu fokussieren. Er wird geschwätzig und schürt auf diese Weise den Streit mit den anderen oder provoziert ablehnende Kommentare, die ihn wiederum beleidigt reagieren lassen. Eine auf das Ziel fokussierte Arbeit wird dann nicht möglich sein.

Gegensätze ziehen sich an – wirklich?

Ein Team, zusammengesetzt nach dem Structogram, wird sich ergänzen, solange Sie die ersten Anzeichen von Konflikten erkennen und klug reagieren. Meist entwickeln sich die Konfliktherde, wenn Ihre Mitarbeiter nicht nach ihrem Zeitgefühl arbeiten können. Nehmen Sie sich noch einmal die Tabelle ab Seite 143 zur Hand und fragen Sie sich, in welchem Rhythmus Ihre Mitarbeiter denken, sprechen, sich bewegen, welche Abgabetermine sie bevorzugen. Fragen Sie sich ebenso, wer sich in Themen nahezu eindreht, wer auf Tempo pocht, wer die Agenda runterrasselt, ohne Inhalte auszuführen, wer zur Pause mahnt und in diesen Pausen von privaten Belangen erzählt. Die Merkmale des Zeitgefühls sind offensichtlich und – das ist die gute Nachricht – sie sind ein verlässlicher Hinweis zur Konfliktvermeidung. Ihren zweiten Blick sollten Sie auf die Stärken und Schwächen der Einzelnen richten, denn hier dürfen Sie mixen.

Um die Aufgaben in einem Team effizient zu verteilen und zu bearbeiten, sollten Sie deshalb die Schwäche des einen Mitarbeiters mit der Stärke des anderen ergänzen. Ein Macher, der auf der einen Seite ob seiner Eloquenz sich bestens für Akquisitionssituationen eignet, hat auf der anderen Seite nicht die Muße, Zahlen und Fakten für seine Argumentationslinie zusammenzutragen. Hier wird ein Analytiker gern einspringen und diesen Part perfekt entwickeln. Ich habe immer wieder erfahren, dass sich im Business gegensätzliche Persönlichkeiten zu einem nahezu unschlagbaren Duo zusammenfinden. Ich rate sogar zur Doppelspitze in der Geschäftsführung! Je weiter die Merkmale nach dem Structogram auseinanderdriften, je unterschiedlicher die Zeittempi der beiden Führungskräfte sind, desto vollendeter das Potenzial.

Innerhalb eines Teams kann es von Bedeutung sein, die zusätzlichen Metaprogramme eines Menschen zu beachten. Jeder trägt sie in sich, und aus meiner Sicht sind sie nicht zu vernachlässigende Aspekte in der Zusammenarbeit, denn diese Programme sind verantwortlich für die Motivation, ein Ziel zu erreichen.

Hin zu oder weg von? Zwei relevante Metaprogramme für die Motivation

Metaprogramme entstehen durch die gesammelten Erfahrungen im Leben und basieren auf unseren Werten, sind selbst jedoch wertfrei. Sie fügen sich aus Erlerntem und Erlebtem zusammen und damit zählen sie nicht zum Temperament eines Menschen. Sie sind nicht angeboren, sondern fügen sich additiv dem Charakter hinzu. Und doch bietet die Kenntnis um diese Programme einen erheblichen Einfluss auf den Teamerfolg sowie auf das Gestalten einer privaten Beziehung. Denn aus den Metaprogrammen nährt sich die intrinsische Motivation eines Menschen.

Der Schweizer Psychiater Carl Gustav Jung hatte solche Programme, die aus Lernprozessen entstehen, erstmals als individuelle Filter zwischen Unterbewusstsein und Bewusstwerdung in den 1920-er-Jahre entdeckt. Seither sind sie stetig untersucht und erweitert worden. Experten vermuten, es gibt etwa 100 dieser Muster – lediglich 60 sind in der Fachliteratur beschrieben. Zwei dieser Reaktionsmuster will ich hervorheben, weil sie probate Hinweise darauf bieten, wie Ihre Mitarbeiter handeln und wie sie sich motivieren lassen:

- das Weg-von-Metaprogramm
- das Hin-zu-Metaprogramm

Beide werden in den ersten sechs Lebensjahren eines Menschen durch Erziehung und Lernen geprägt und verfestigt. Beim Weg-von-Metaprogramm will ein Mensch den Ist-Zustand ändern, beim Hin-zu-Metaprogramm will er ein attraktives Ziel erreichen.

Weg-von-Metaprogramm: In Deutschland fällt auf, dass rund 70 Prozent der Menschen Weg-von- und lediglich 30 Prozent Hin-zu-Typen sind. Das mag mit unserem Bildungssystem zusammenhängen, in dem der Fokus von Eltern und Lehrern sich eher auf den Mangel als auf die Chancen richtet. Ein Kind erhält Kritik, wenn ihm etwas misslingt. Damit steht das Defizit im Zentrum. Man fixiert sich geradezu auf eine schlechte Note und erweckt im Kind einen Leidensdruck. »Das muss besser werden!« Tadel, Nachhilfe, Reden um den Mangel scheinen erste Priorität zu haben und damit verrutscht eine Stärke in den Schattenbereich, denn beleuchtet wird eine Schwäche. Das Kind lernt: Fehler haben böse Konsequenzen, sie führen zu äußerer Kritik und innerem Leid.

Oftmals manifestiert sich diese Motivation, sich anzustrengen, um einem Druck zu entkommen, bis weit ins Erwachsenenalter. Ein Weg-von-Typ handelt, weil er eine Situation ungünstig findet, weil er sich eine andere Entwicklung wünscht. Sobald er merkt, dass er seine Energie für Aufgaben verschleudert und doch keinen Vorteil erkennt, will er dieses Umfeld verlassen. Es kann sein, dass je nach Ausprägung der Geduld sich eine solche Entscheidung bis zu einem Leidensdruck steigert, aber irgendwann kommt der Punkt, an dem er sagt: »Stopp, es reicht.«

Eine Person mit einem hohen geselligen Anteil wird um der Vergangenheitsliebe willen längere Zeit zu dieser Einsicht benötigen als ein Analytiker mit seinem Zukunftsblick. Zwar wird dieser in solchen Phasen seinen Pessimismus pflegen und wird sein Glas Wasser immer halb leer und nie halb voll vor sich sehen, aber auch er ist irgendwann bereit, eine Situation zu ändern, wenn sie seinem guten Gefühl zuwider läuft.

Hin-zu-Metaprogramm: Hin-zu-Typen, meist Macher, reagieren gegenteilig. Sie beißen sich nicht in der Vergangenheit fest und was die Zukunft bringen wird, das findet in ihrem Aufmerksamkeitshorizont nur am Rande statt. Sie wollen in der Gegenwart ein attraktives Ziel bestimmen, das sie schnell und unkompliziert erreichen, denn dafür lohnt es sich an jedem Tag aufzustehen. Ohne Sinn und Nutzen, ohne winkende Anerkennung in greifbarer Nähe würde diese Energie in ihnen schwinden. Sie wollen ihre Stärke betonen und nicht die Defizite, sie meiden den Mangel, das Leid. Erfolg ist ihr Wort der Wahl. Und weil auch dieser sich nicht zementieren lässt, flüchtig gar ist wie die Kreativität, stürzen sie los, dem Ziel entgegen. In diesem Rhythmus könnten sie selbst in der schnellsten Stadt der Welt, New York, punkten.

Und doch kann es geschehen, dass plötzlich die Entschlusskraft zur Änderung aufflammt. Ein Schicksalsschlag, der Einfluss von anderen Menschen, eine Reflexion könnten jedes erlernte Metaprogramm aufbrechen. Dann ändert sich die Perspektive von einer Stunde auf die nächste und dieser Mensch schiebt Erfahrenes kurzerhand zur Seite: »Schluss mit dem Trübsal. Wo will ich wirklich hin im Leben?«

Für eine Führungskraft bedeutet diese Einsicht: Die persönliche Motivation seiner Teammitglieder mag unterschiedlich sein, das kann sie von außen nicht ändern. Sie kann aber einem Hin-zu-Typen ein attraktives Ziel vor Augen führen und einem Weg-von-Typen klarmachen, welche Nachteile es bringt, wenn das anvisierte Ziel nicht erreicht wird. Denn je deutlicher der negative Ist-Zustand für einen Weg-von-Typen ist, desto attraktiver wird für ihn das Ziel. Allerdings sollten Sie hellhörig werden, wenn Ihre Mitarbeiter auf dem Weg zum Ziel von zeitlichen Problemen berichten, wenn sie Entschuldigungen vorbringen, weil sie ihre Meilensteine nicht erreichen können.

Notlügen aus Zeitnot

Mitarbeiter, die ihre Aufgaben nicht nach ihrem persönlichen Zeittakt planen, die werden sich über kurz oder lang zwischen den Stunden verlieren: Sie verschieben Termine, halten Fristen nicht ein, sie finden Hundert Entschuldigungen, um von ihrem eigenen Versäumnis abzulenken. Damit begeben sie sich auf ein dünnes Eis, das Eis der Notlügen. Gehen Sie mit diesen überraschend kreativen Geschichten am Meetingtisch verzeihlich um, denn sie sind nicht mehr und nicht weniger als ein Hinweis für Sie: »Wir strengen uns an, aber irgendwo stolpern wir, irgendwo zwischen Aufgabendefinition und Termin gibt es eine Schwachstelle, die wir nur gemeinsam beheben können.« Würden Ihre Mitarbeiter das in dieser Form äußern, Sie könnten konkrete Lösungen anbieten, könnten die Schwächen der einen mit den Stärken der anderen verknüpfen, die Zeitschiene überdenken. Aber seien Sie gewiss: So einfach ist es nicht mit der ganzen Wahrheit. Davor stehen die Lügen. Die können Sie entlarven.

Es gibt sie, die kleinen Sichtbarkeiten von Lügen, und niemand muss ein Verhaltensforscher sein, um sie zu erkennen. In weniger als einer Sekunde blitzen sie auf, fügen dem Emotionsraster, das Paul Ekman entwarf, mehr als 10 000 Facetten hinzu. Sobald die Augen Ihres Gegenübers von Ihnen selbst aus betrachtet nach links oben wandern, dürfen Sie sicher sein, dass er gerade Geschichten erfindet. Er scannt nicht in der Vergangenheit, um Ihnen den Ablauf detailgetreu zu erläutern, sondern er bewegt sich gedanklich in seiner linken Gehirnhälfte. Dort wohnt seine Konstruktion, dort kann er in schneller Folge neue Bilder entwerfen. Ihr Gegenüber würde mit den Augen in die andere Richtung rollen, also nach rechts von Ihnen aus betrachtet, wäre seine rechte Gehirnhälfte aktiviert. Dort würde er die Erinnerung bemühen und damit den Status quo des Projekts abrufen. Auch das Ausrutschen einer Körperbewegung außerhalb der Region zwischen Hals und Taille ist ein Hinweis aufs Flunkern: Dann zuckt eine Schulter, während der

Mitarbeiter bestätigt: »Ich habe alles im Griff.« Oder: Während er versichert »Gestern habe ich mehrfach versucht, die Lieferanten zu erreichen«, weist seine Hand auf die Tür, aufs Fenster, aber nicht auf den Kalender, um den Termin zu pointieren.

Überhaupt rufen Lügen eine Gegensätzlichkeit zwischen Worten und Gesten hervor. Das Kopfschütteln trotz des laut vernehmbaren »Ja, ich habe mit dem Chef darüber gesprochen« oder das Nicken bei den Worten: »Nein, das habe ich nicht veranlasst«. Die Koordination klappt nicht. Körper und Geist sind nicht im Einklang. Selbst ausgebuffte Profis senden Zeichen. Eine kleine Röte kriecht unter dem Hemdkragen den Hals entlang. Die Hände schwitzen. Die Stimmlage steigt. Der Griff an das Nasenbein folgt häufig, weil in der Nase die Schleimhäute anschwellen und ein Jucken auslösen. Aber wie, mögen Sie sich fragen, sollten Sie auf die kleinen Lügen reagieren?

Nehmen Sie die Notlügen als das, was sie sind: ein Hinweis auf eine fehlerhafte Zeitplanung. Wählen Sie gemeinsam andere Instrumente. Und pflegen Sie Ihren Humor. Aber Achtung, auch hier gibt es Sensibilitäten. Ein Geselliger lacht nur, wenn Sie andere nicht bloßstellen. Ein Analytiker mag intelligente Pointen und ein Macher lacht über spontane Wortspiele. Alles was folgt, ist ein Gespräch zu zweit, von Mensch zu Mensch, um der Wahrheit ein Stück näher zu kommen.

Literatur

Ekman, Paul: Gefühle lesen. München: Elsevier, 2. Auflage 2010

Anhang

Kurzübersicht zum Zeitmanagement im Takt Ihrer Persönlichkeit

Macher	Geselliger	Analytiker
Motivation im Job		
Eine Bühne für Ehre und Stolz	Teamarbeit und gleichbleibende Tätigkeiten	Aufgaben mit intellektuellem Anspruch, die ihn fordern
Herausforderungen, die für ihn zu bewältigen sind für die Anerkennung und die Lust am Wettbewerb	Zeit fürs Miteinander, gemeinsame Aktivitäten auch außerhalb der Arbeit	Denkaufgaben, die er im stillen Büro bearbeiten kann, ganz in Ruhe und allein
Verantwortung für eine ihm zugeordnete Aufgabe, sodass seine Erfolge messbar sind	Netzwerken dürfen; Menschen treffen und kennenlernen dürfen	Arbeiten, die eine Lösung oder ein klares Ergebnis verfolgen, welches beweisbar ist, Detailarbeit, keine Grobarbeiten
Tipps für das persönliche Zeitmanagement		
Arbeiten Sie nach dem Eisenhower-Prinzip durch klare Priorisierung der Aufgaben.	Konzentrieren Sie sich auf Tätigkeiten im Team, dadurch haben Sie mehr Freude an der Arbeit.	Kommen Sie bei Präsentationen schneller auf den Punkt, indem Sie alles rückwärts erzählen: Erst das Ergebnis und dann, wie Sie dahin gekommen sind. Das ist für die meisten Menschen interessanter.

Nutzen Sie ein Tablet, Smartphone oder Notizbuch für wichtige Notizen. Tragen Sie dies bei sich. Machen Sie während der Gespräche Notizen. Oder nehmen Sie sie auf und lassen Sie sie tippen. Eine geschriebene Notizbuchseite können Sie abfotografieren und Ihrer Assistenz zur Weiterverarbeitung zusenden.	Versuchen Sie sich von anderen Menschen, die Sie schätzen, neue effiziente Wege, eine Aufgabe zu lösen, abzuschauen. Dann ist die Aufgabe zwar neu, aber sie kommt von einem vertrauen Menschen, den Sie schätzen.	Achten Sie darauf, dass Sie sich nicht überorganisieren. Achten Sie stärker das Pareto-Prinzip, denn die Perfektion kostet zu viel Zeit in Verhältnis zum Ertrag.
Setzen Sie sich klare Ziele, an denen Sie Ihre Prioritäten ausrichten können.	Räumen Sie sich realistische Zeitfenster ein, um eine Aufgabe abzuarbeiten, um keinen Zeitdruck entstehen zu lassen.	Versuchen Sie etwas mutiger an Projekte und Aufgabenstellungen heranzugehen. Sie können nicht alle Eventualitäten vorausplanen und alle Risiken ausräumen.
Weil Gleichmäßigkeit langweilig ist, neigen Sie dazu von einem Thema zum anderen zu wechseln. Nicht nur in Gesprächen, sondern auch beim Abarbeiten von Aufgaben. Dadurch entsteht kurzfristig Chaos im Büro. Denken Sie daran, das immer wieder zu beheben. Am besten jeden Abend als Ritual bevor Sie nach Hause gehen.	Starten Sie früher im Büro für Ihre wichtigen und dringenden Aufgaben, während die vielen Kollegen, die Ihre Hilfe wollen, noch nicht da sind.	Delegieren Sie mehr, wenn möglich. Beginnen Sie mit leichten kurzen Aufgaben und versuchen Sie diese in ganze Delegationspakete zu erweitern.

Schätzen Sie die Zeitfenster noch bewusster ein für ein Projekt und denken Sie bitte daran, dass der erste Tag im Projekt genauso wichtig ist wie der letzte.	Setzen Sie sich ein großes Ziel und hierfür viele Zwischenziele. Einen Berg mit Kieseln schaffen wir nicht heute weg. Wir können aber überlegen, wie viele Schubkarren wir pro Tag schaffen. Das macht mehr Freude und mehr Erfolgserlebnisse.	Beachten Sie aktiv die Prioritäten. Sie neigen dazu, unter Druck diese zu verschieben. Deshalb ist es hilfreich, diese von Anbeginn deutlich zu definieren.
Treffen Sie keine adhoc Entscheidungen. Schlafen Sie eine Nacht drüber. Am nächsten Morgen könnte der Enthusiasmus abgekühlt sein und Sie entscheiden anders.	Schreiben Sie sich Ihre Aufgaben auf. Entweder elektronisch oder in ein Notizbuch, welches Sie gerne zur Hand nehmen. Dadurch können Sie alles schneller überblicken und Prioritätenverschiebungen leichter umsetzen.	Nutzen Sie, wenn Sie können, Homeoffice-Tage. Sie brauchen zwischendurch Abstand vom Team und den vielen Menschen um Sie herum im Büro. Wenn Sie allein arbeiten können, tanken Sie auf.

Schlusswort

Ich bin am Ende meines Buches angekommen und darf auf eine Phase des Wachsens zurücksehen. Denn ich fühle mich mit diesem lang ersehnten Schlusspunkt, den ich gleich setzen werde, reicher, erfahrener, freudiger als zuvor. Dieses Buch hat mich in der Recherche und in der Schreibphase noch einmal zurückgeführt zu den Ursprüngen meiner Forschungen. Es hat mich weitergeführt ins Hier und Jetzt. Darüber hinaus hat es mir Inspirationen für die Zukunft geschenkt.

Ich habe diese Schreibphase, die sechs Monate dauerte, wie einen Zeitpfeil betrachtet. Vom ersten bis zu letzten Satz gab es nur eine Richtung und die zeigte nach vorn, der letzten Seite entgegen. Dazwischen öffnete sich ein weiter Raum von rund 200 Seiten für mein Wissen und meine Emotionen, für so manchen Flow während des Schreibens. Natürlich gab es auch Tage, an denen ich zögerte, an denen ich mich fragte, ob keine Zeitaspekte fehlen, ob keine Facette der Persönlichkeitstypen unbenannt bleibt. Dann habe ich mit den Menschen, die mich auf dem Weg zum Buch begleitet haben, gesprochen, diskutiert und reflektiert. Sie alle hatten stets ein offenes Ohr, mehr noch, eine Begeisterung für mein Thema. Damit erfüllte sich bei mir die Angst vieler Autoren nicht, im Schreiben einsam zu sein. Dafür bin ich dankbar. Dankbar bin ich auch für die Gedanken, die sich über die Seiten mehr und mehr in mir formten: Es gibt keine einhundertprozentigen Empfehlungen, Regeln, Instrumente, um mit der Zeit umzugehen. Es gibt keine einhundertprozentige Erkenntnis zu den Persönlichkeiten.

Ich glaube, kein Forscher dieser Welt kann anderes behaupten. Das menschliche Gehirn ist und bleibt ein Faszinosum und wird wahrscheinlich niemals in Gänze erfassbar sein. Es wird, da bin ich mir sicher, immer geheimnisvolle Windungen dort geben, egal wie groß die Sehnsucht ist, die Muster vollständig zu entschlüsseln. Diese Einsicht verdichtete sich während der Skriptphase –

und erfüllte mich zunehmend mit Freude. Es war eine Freude über die Vielfalt im Leben. Es war die Freude darüber, dass jeder Mensch Grenzen in sich überspringen kann, wenn er sich selbst dazu motiviert und wenn er zielgerichtet auf seinem Zeitstrahl voranschreitet. Indem er sein Temperament, sein Talent, sogar seine Launen als Geschenk betrachtet. Indem er mit seinem inneren Rhythmus im Einklang lebt. Indem er sich nicht verbiegt, sondern mit einer geraden Körperhaltung auftritt, mit allen 43 Muskeln im Gesicht lächelt und sich sagt: »So bin ich, so ticke ich. Dazu stehe ich.«

Rund 60 Prozent macht dieses Geschenk aus, das wir mit unserer Geburt erhalten. Was übrigbleibt, das dürfen Sie selbst hinzufügen, ganz nach Ihrem Geschmack und nach Ihrer Vorstellung von diesem Leben. Verstehen Sie deshalb meine Analysen zu den Persönlichkeiten aus Geselligen, Machern und Analytikern als erste Merkmale und bedenken Sie: Es kommen weitere hinzu, denn nach dem Structogram mischen sich die Muster. Wie wunderbar, dass Menschen in ihren Feinheiten einzigartig sind.

Mit meinem Buch will ich deshalb Ihre Sensibilität für Ihre Bedürfnisse wecken und Sie darüber hinaus ermuntern, immer wieder in sich hineinzuhorchen. Seien Sie gewiss, Ihr Geist und Ihr Körper senden die richtigen Signale. Das gilt auch für die Wahl Ihrer Zeitinstrumente. Spielen Sie damit. Bringen Sie Leichtigkeit in den Tag. Achten Sie auf Ihr gutes Gefühl. Zeitmanagement unterliegt keinen starren Regeln. Und sollten Sie einmal stolpern, sollten Sie aus Ihrem Takt gelangen, dann bin ich für Sie da, auch über den Buchdeckel hinaus. Versprochen.

Danksagung

Ein Buch schreibt sich nicht allein. Begleitet wurde es von der Familie, Freunden, Lektoren, dem Verlag, Wissenschaftlern und vielen Menschen. All denjenigen, die bereit waren, sich auf mein Thema einzulassen, die mir Zeit und Impulse gaben, möchte ich Danke sagen.

An dieser Stelle danke ich von Herzen meinem Mann und meinen Kindern. Sie haben mich mit ihrer Geduld und ihren Aufheiterungen durch die Schreibphase getragen. Sie haben mich aufgemuntert und mir Mut gemacht, um durchzuhalten und beim Schlusspunkt anzukommen.

Besonders bedanke ich mich bei Peter Stutz, der mir das Vertrauen schenkte, mit seinem Modell Structogram in diesem Buch arbeiten zu dürfen. Er stand mir mit Ideen und Engagement zur Seite. Rolf Schumann gab mir die Anregung zu diesem Buch und glaubte von Anfang an daran, dass es geschrieben werden muss. Wie schön, dass ich diesem Glauben folgte! Gabriele Borgmann hat mir durch ihren inspirierenden Workshop den richtigen Weg aufgezeigt, um die Vision zur Realität werden zu lassen. Sie ist als Lektorin in mein Thema eingetaucht, hat mit mir solange an Details geschliffen, bis ich die perfekte Form gefunden habe. Herr Engelhardt und Frau Sachsenmeier vom Beltz Verlag, die es mir überhaupt ermöglicht haben, dieses Buch umsetzen zu können und mir mit Vertrauen und Freude von Anfang bis zum Schluss zur Seite standen, sage ich ebenfalls Danke. Und ganz besonders bedanke ich mich bei Prof. Dr. Thomas Druyen, der mich als Wissenschaftler begleitet und dem Thema eine ganz besondere Note gegeben hat. Gleichfalls möchte ich mich bei Christian Ridder bedanken, der mit so viel Herzblut und Kreativität die ausdrucksvollen Bilder entwickelt hat. Ebenso danke ich meinem Schwiegervater Dr. Harm Brandt, der mit Engelsgeduld und Genauigkeit Korrektur gelesen hat.

Danke all denjenigen, die mich mit ihrer Freude immer wieder ermunterten, dranzubleiben und die bereit waren, mit mir die verschiedenen Seiten zu reflektieren, um den richtigen, treffenden Blick zu finden. Danke.

Die Autorin

Dr. Eva Brandt absolvierte ihr Studium mit dem Schwerpunkt Erwachsenenbildung und promovierte an der PH Freiburg. Neben Ihrem Studium schloss sie eine dreijährige Trainer- und Coachingausbildung ab. Anschließend war sie viele Jahre Lehrbeauftragte für Kommunikation und Erwachsenenbildung an der PH Freiburg und ist seit 2013 im Bereich Kommunikationswissenschaft an der Johannes Gutenberg-Universität in Mainz. Seit dem Jahre 2000 ist sie lizenzierte Structogram-Trainerin und seit über zehn Jahren zertifizierter Business-Coach. Sie wurde 2005 ausgezeichnet mit dem Teaching Award in Gold von der ZfU (Schweiz) und 2016 mit dem Titel »Senior Structogram Trainer«.

Seit 1999 ist sie mit »Seminare und Beratung« selbstständig als Speaker, Dozent und Business-Coach tätig und erweiterte 2014 mit der »Lotus-Strategie« ihre Kompetenzschwerpunkte im Bereich des betrieblichen Gesundheitsmanagements. Zu ihren Kunden zählen Unternehmen aus Deutschland, Österreich und der Schweiz aus diversen Branchen.

Mehr zu ihrer Philosophie und Arbeitsweise unter: www.seminare-beratung.de und www.lotus-strategie.de.

Literaturverzeichnis und Internetlinks

Birbaumer, Niels in: *Gehirntraining.* Über die Benutzung des Kopfes. Herausgegeben von Frank Schirrmacher. München: Karl Blessing 2010

Blanchard, Kenneth u. a.: *Der Minuten-Manager.* Reinbek: Rowohlt, 2. Auflage 2015

Büttner, Gerhard: *Anlage und Umwelt – ihre Bedeutung für die kindliche Entwicklung*: http://www.ploecher.de/2008/12-PA-L1-2008/Anlage-Umwelt.pdf [13.09.2016]

Büttner, Gerhard: *Was wird aus uns?* Bestimmen die Gene oder entscheidet die Umwelt? https://www.fortbildung-fernstudium.de/persoenlichkeitsbildung-und-gesundheit/kindererziehung/anlage-umwelt.php [12.10.2016]

Covey, Stephen R.: *Die 7 Wege zur Effektivität.* Offenbach: Gabal, 29. Auflage 2014

Ekman, Paul: *Gefühle lesen.* München: Elsevier, 2. Auflage 2010

http://www.anthroprofil.de/institut-fuer-angewandte-anthropologie/wissenschaftliche-urheber/paul-d-maclean/

Kaluza, Gert: *Stressbewältigung.* Heidelberg: Springer, 2. Auflage 2011

Kaufmann, Sabine: http://www.planet-wissen.de/natur/forschung/spiegelneuronen/ 07.11.2014 [13.09.2016]

Klein, Judith: *Der Geistesblitz.* Zum Phänomen der plötzlichen Erkenntnis (2/2). 28.05.2012: http://www.deutschlandfunk.de/der-geistesblitz-zum-phaenomen-der-ploetzlichen-erkenntnis.1184.de.html?dram:article_id=207003 [15.09.2016]

Levine, Robert: *Eine Landkarte der Zeit.* München: Piper, 19. Auflage 2015

MacLean, Paul: *The Triune Brain in Evolution.* Role in Paleocerebral Functions. Heidelberg: Springer 1990

Mahlmann, Regina: *Führungsstile gezielt einsetzen.* Weinheim und Basel: Beltz 2011

Molcho, Samy: http://gutezitate.com/autor/samy-molcho

Physikalisch-Technische Bundesanstalt (Hrsg.): http://www.ptb.de/massstaebe/heft_6/massstaebe_06_11.pdf [05.09.2016]

Roth, Gerhard: *Persönlichkeit, Entscheidung und Verhalten.* Stuttgart: Klett-Cotta, 10. Auflage 2015

Schoemen, Juergen: *Evolution der Persönlichkeit.* Die Grundlagen der Biostruktur-Analyse. Luzern: IBSA Institut für Biostruktur-Analysen AG, 15. Auflage 2015

Takeuchi, Hirotaka/Nonaka, Ikujiro: *The New New Product Development Game.* Harward Business Review 01/1986: https://hbr.org/1986/01/the-new-new-product-development-game [16.09.2016]

Top-100-Ranking der lebenden Künstler: http://www.capital.de/themen/die-100-groessten-lebenden-kuenstler.html [15.09.2016]

Widmann, Arno: *Psychologe Ernst Pöppel: Ihr müsst versuchen, die Besten zu sein.* Berliner Zeitung. 17.04.2015: http://www.berliner-zeitung.de/wissen/psychologe-ernst-poeppel-ihr-muesst-versuchen--die-besten-zu-sein-985314 [15.09.2016]

Wittmann, Marc: *Wie unser Gefühl für die Zeit entsteht.* In: Spektrum der Wissenschaft. Oktober 2014. http://www.spektrum.de/magazin/wie-unser-gefuehl-fuer-die-zeit-entsteht/1304055 [12.10.2016]